キャッチャー目線で27年

谷繁元信のプロ野球「通」

記憶に残る名選手・すごい試合！

谷繁元信
Tanishige Motonobu

ビジネス社

はじめに

このたび、野球殿堂入りを果たすことができました。両親をはじめ、家族、野球を始めたときから関わってくださった歴代の指導者、チームメート、スタッフ、そして何よりもファンの皆様のおかげです。ありがとうございました。スピーチでも言ったのですが、まさか自分が殿堂入りするなどとは思っていませんでした。

野球を始めた頃はもちろん、プロ入りして現役としてプレーしていた頃も自分とは無縁の世界の話だと思っていました。

殿堂入りを頭の片隅で意識するようになったのは、メディアの人から「現役引退して5年以上経過すると競技者表彰の選考対象になる」と知らされてからです。いずれ入れるかもしれないという思いと、その一方で、殿堂入りの候補に挙がりながら結局入れなかった先輩たちもいますから、これればかりは分かりません。そういう中で今回、選ばれました。

ゲストスピーカーは殿堂入りしている方から選ばせていただくということで、権藤博さんにお願いしました。

権藤さんにはベイスターズコーチで1年、監督として3年、さらにドラゴンズのコーチとして1年、の計5年一緒にやっています。覚えているのは、「配球をはじめ自分がやることに対して自信を持て」と言われたこと。そして、選手を信頼してくれたことです。

権藤さんのほかにも大矢明彦さんには大変お世話になりました。バッテリーコーチとして3年、監督として2年、きっちりと指導していただきました。

さらに遡れば、さまざまなコーチとの出会いがありました。1989年に大洋に入団して98年に優勝するまでの10年。時間はかかったのですが、振り返ってみると、その時々で必要なことを叩き込まれたと感じます。

通知式のスピーチでは「強い体にも感謝します」と述べましたが、持って生まれたものだけではなく、育った環境が与えた影響も大きかったと思います。

僕が生まれた広島県比婆《ひば》郡（現・庄原《しょうばら》市）は大自然に囲まれていて、子どもの頃は山を駆け巡ったり、川で泳いだりして遊びました。まさにネイチャーボーイ。それで強い体が出来上がっていったと思います。

もう一つ、僕がここまで来ることができた大きな原動力の一つは「勝ちたい」という強い思いです。

それがどこから来ているかというと、小学生のとき町の少年野球チームで軟式野球を始めたのですが、当時の監督が厳しい人で、試合に負けて帰ってくると、猛練習させられたんです。ものすごく走らされた。そのときから負けたくない、という思いが醸成されていきました。

89年にドラフト1位で入団した横浜大洋ホエールズ（のち横浜ベイスターズ、現・横浜DeNAベイスターズ）はBクラスが続いていたチームでした。最初はチームのことを考えている余裕もありません。自分のことで精一杯。その後、メインのキャッチャーとしてマスクを被り始めると、やっぱり勝てない。そのあたりから悔しさが生まれてきました。自分が成長していくにつれ、勝ちたいという思いがどんどん強くなっていったのです。

キャッチャーというのはチームが勝たないと評価されません。90年代に古田敦也さんが脚光を浴びたのも、当時のヤクルトが野村克也監督のID野球で黄金時代を築いたからだと思います。

僕がレギュラーになるかならないかという頃に行われた契約交渉の席上、査定担当者に

「10勝できるピッチャーを3人くらい獲ってくださいよ」と直談判しました。

思いがけない言葉が返ってきました。

「それを連れてきたらキャッチャーはお前じゃなくていいんだよ。お前が成長して7～8勝のピッチャーを2ケタ勝たせるようにするのがお前の仕事だろう。そうすれば、評価される」

なるほど、と思いました。返す言葉がなくて「分かりました」。そこからまたスイッチが入りました。

当時の先発陣は、ほとんどが生え抜きで、他球団から来られたのは中継ぎの阿波野秀幸さん、島田直也さんくらい。Bクラスの時代から同じ釜の飯を食ってきた、かけがえのない仲間たちです。

先発を形成する野村弘樹さん、斎藤隆さん、三浦大輔らが96年くらいから2ケタを勝てるようになり、97年2位、そして98年には38年ぶりのリーグ優勝、日本一に輝きました。僕自身、キャッチャーとしてもある程度認められるようになりました。

今度は勝ち続けなければいけない。そういう思いがあったから、翌年の99年から2001年まで3年連続3位とAクラスが続きました。その後、02年に中日ドラゴンズへ移籍した後もレギュラーで出場し続けていたのですが、12年までの16年、優勝か最低でもAクラスをキープ。もちろん、僕だけの力でないことは分かっているのですが、常に上位にいるチームの一人になれたことで評価されたのかなという思いもあります。

ドラゴンズへはある程度、出来上がった状態で行きました。その中で、まだまだ成長しなければいけないという課題を突き付けられたこともありました。

ベイスターズが僕を育ててくれた球団なら、ドラゴンズは僕をさらに成長させてくれた球団です。

殿堂入りをすると、レリーフ(ブロンズ製胸像)が野球殿堂博物館に飾られるそうです。その際に、複数球団に所属した殿堂顕彰者は、帽子をどれにするか迷う人もいると聞いたことがあります。野村克也さんは、現役時代は南海に入団後、ロッテ、西武へ移籍し、指導者としてもヤクルトをはじめいくつかの球団のユニフォームに袖を通しました。そんな野村さんのレリーフには帽子のツバを後頭部に回す「キャッチャーかぶり」をした顔が掲額されています。

では僕はどうするか。ベイスターズとドラゴンズ、どちらの帽子マークも付けません。

２９６３試合に出場した「キャッチャー谷繁」として作ってもらおうと思い、キャッチャーマスクを取ったキャッチャーヘルメットを被った顔をモチーフにしてもらいました。

かつては「一球さん」と言われ、90年代から主流になったキャッチャーヘルメットにはマークは入っていません。ベイスターズ時代の写真を基にレリーフが作られるとしたら、サイドの部分に球団ロゴのステッカーが貼ってあるので、「それは外してください」とお願いしています。過去の顕彰者の中でキャッチャーヘルメットをかぶった掲額はないそうです。そういう意味でも僕らしいレリーフが出来上がるのではないかと思っています。

本書は、このような27年にわたる私のプロ野球人生のなかで出会った名選手、名監督の知られざる凄さ、印象的な名勝負を、体験談をもとに綴ったものです。キャッチャーならではの観察眼で見た「平成プロ野球のリアル」が、現場感覚で味わえる一冊になっています。皆さんぜひ、楽しんでお読みください。

２０２４年２月

谷繁元信

谷繁元信のプロ野球「通」

目次

第2章　すごい試合、ユニークなチーム

第3章 プロ野球「通」になる見方、楽しみ方

第1章

記憶に残る名選手のふるまい

1 大谷翔平と日本人メジャー・リーガー

†ドジャース・大谷の効果で日本人株、さらに上昇

まずはじめに、ロサンゼルス・ドジャースへ移籍した大谷翔平について書いていきましょう。

契約金は10年で約1000億円とも言われます。金額うんぬんについてはただただすごいなと、他人事のような感じです。

大谷はベーブ・ルース以来「100年に一人の野球選手」と言われていますが、単純にそこはすごいと思っています。

僕らが現役だった90年代は、まだまだメジャー・リーガーを仰ぎ見る時代でした。大谷

が昨年のＷＢＣでアメリカとの決勝戦を前に、ナインの前で「今日だけは憧れるのをやめましょう」とゲキを飛ばしましたが、僕らの時代は憧れ以外のなにものでもありませんでした。

あれから30年が過ぎて、今や日本野球がメジャーと対等か、もしくは上回ったと言っても過言ではないでしょう。

野茂英雄さんに始まって、イチロー、松井秀喜、そしてなんと言っても大谷の功績が大きいことは間違いありません。大谷の影響力はこれからも日米球界で増していくことでしょう。メジャーを目指す選手がさらに増える可能性もあります。

たとえて言えば、これまでは10段階評定のうち８から９の日本人選手がメジャー・リーグへ行かなければなかなか通用しませんでしたが、大谷を10とするなら、今や７でも通用するレベルになってきている気がします。それだけ日本人選手の評価がメジャーで高まっていると言えます。

昨年の吉田正尚しかり、今年の山本由伸、松井裕樹、今永昇太しかり、従来以上に好条件でアメリカへ行けるようになりました。それこそ〝大谷効果〟だと思います。

†外国人に引けを取らないだけのパワー

大谷のすごさとして語られるのは、外国人に引けを取らないだけのパワーです。スピード、技術も兼ね備えているのは言うまでもありませんが、力があるからといってボディービルやレスリング、プロレスではなく、野球に必要な筋肉を作り上げたのでしょう。どのタイミングで肉体改造をしようと思ったのか分からないのですが、ヒジを手術して1年間、満足にプレーできなかった時期に、かなりトレーニングしてきたと思います。それが翌年から結果に直結しました。

2021年には9勝、46本塁打でシーズンMVPを獲得。翌22年にはベース・ルース以来103年ぶりの投手として2ケタ勝利、2ケタ本塁打を達成しました(15勝、34本塁打)。そして記憶に新しい昨年は44本塁打を放ち日本人初の本塁打王、2度目のMVPに輝きました。

昨秋2度目のトミー・ジョン手術に伴い、今年は投手としては投げられないでしょうが、前回のノウハウが生きてくると思います。プラスにしか考えていないと思います。打つほうでやってくれるでしょう。

†本場のキャッチャーの配球を勉強

日本人メジャーのパイオニアとされる野茂英雄さんが海を渡ったのは1995年。当時のメジャー・リーグというのは、僕にとっては別世界に感じていました。そんな凄い世界で野茂さんはやっているなと思うばかりで正直、現実味がなかった。というのも当時の僕は自分の立場、ポジションを確立していくことで精いっぱい。自分もメジャーに行きたいとか、そういう思いはまったくなかったです。

ただ、NHKのBS中継はよく見ていた記憶があります。西海岸のゲームは日本時間の午前11時くらいから始まるんですよね。当時、僕はメジャーを1つ上のレベルととらえていたので、どういうキャッチングをするのか、ピッチング、バッティングはどうなのかという感覚で見ていました。バッテリーを見て感じていたのは、これは配球が要るのかなということ。つまり、ピッチャーのポテンシャルがとんでもなく高いので、配球うんぬんというより、ピッチャーのいいボールをとことん投げさせているとしか思えなかったんですよ。

ところが、時が流れて、僕も日米野球に出られるようになって（96年に初出場）、そうじゃなかった。やっぱり、本場のキャッチャーはきちんと相手バッターを見て配球してきているし、一方、バッターはバッターで相手ピッチャーのいい球をすぐに頭の中にインプットして、その球に対応してくる。具体的な名前を挙げれば、キャッチャーでいえば、イバン・ロドリゲス（レンジャーズ）でありマイク・ピアッツァ（ドジャース）。僕は体型的にイバン・ロドリゲスと似ていたんですよ。

ロドリゲスは身長１７５㎝と大きくはない。でも、いざ本人を目の前にすると胸板が厚い。肩もべらぼうに強かった。バッティングもよかった。当時は、単純に凄いなと思って見ていました。

†ＦＡ宣言で一度はメジャー挑戦。横浜を敵に回したくなかった

その後、２００１年に僕は横浜でＦＡ宣言をしました。99年オフには佐々木（主浩《かづひろ》）さんがマリナーズと契約し、日本人メジャーが徐々に増えてきていた頃です。僕は横浜を出

る前提でＦＡ宣言したんですけど、すぐにドラゴンズに声をかけてもらった。ただ、自分の中では横浜を出て日本の他球団には正直行きたくなかったんです。同一リーグのチームに移籍して古巣を敵に回すというケースが当時は一般的ではなかったですから。それならば、ということでメジャーが選択肢として視野に入ってきた。

佐々木さんも向こうにいましたし、契約先があって自分が少しでも通用するのであれば挑戦してみようかなと。実際に、マリナーズ、パドレス、エンゼルスの西海岸のチームのテストを受けました。その結果、メジャー契約はもらえたんです。

でも、メジャーで提示された年俸は日本時代より落ちました。実際、ずば抜けた成績を残していたわけでなく、キャッチャーというポジションで行った人間はまだ一人もいなかった（マリナーズ・城島健司の渡米は06年）。何もかも初めてのことでしたから、僕への評価も仕方がありません。その上でエージェントと話したときに、当時の僕にはすでに家族もいましたし、そこまでアメリカの野球に執着はしていなかった。何がなんでも行きたいというわけでもなかったんです。生活も考えた結果、これは日本に残ったほうが一番いいだろうという結論に達して、最終的にはドラゴンズにお世話になることに決めたわけです。

結局、海を渡るというのは最終的にはその人の考え方次第です。つまり、どう納得するかだったと思うんです。契約条件が悪くても、なんでもいいからアメリカに行きたいという人もいるでしょうし、ある程度の年俸は必要だと思う人もいるでしょう。あるいは、日本時代よりいい契約じゃないと絶対に嫌だという人。いろんな考え方があると思うんです。本人がどういう動機づけを持ってメジャーでやりたいか、たぶんそれだけだと思います。

†メジャーで成功した野手はイチローだけ

メジャー・リーグへ行く人間はいまも結構多い。個人的な意見として言わせてもらえば、日本からアメリカへ行って成功した人は、野手ではイチローだけだと思います。やっぱり、みんな日本時代より成績が落ちている。松井秀喜にしても日本で50発打ったのに向こうでは40発打っていない。ヤンキースの中でよくやったと言えばよくやったのかもしれないですけど、僕は成功だとは思わないです。日本と同じ、いや、ある意味で日本以上の成績を残したのはイチローだけでしょう。ほかの野手はほぼ失敗、そして体がボロボロになって帰ってきています。

ただ、成功しようと失敗しようと、結局は行った本人が納得していればいいんですよ。周りがなんと言おうと当の本人が後悔していなければ、それは成功。でも、心のどこかで行かなければよかったという思いが残ったとしたら、それは失敗だと思います。

もちろん、日本球界に残ることを決断した僕はまったく後悔していないです。まあ自分も一度は挑戦した身でこういうことはなかなか言えないんですけど、日本のプロ野球をみんなで盛り上げようという思いがありました。日本の球界全体を視野に入れるか、自分の夢を追いかけるかというのは、すごく難しい選択だと思うんです。ただ、僕は前者のほうに気持ちが傾きました。

もちろん、いまは時代が時代なので、向こうへ行くのは仕方がないと思います。でも、ダメだったらすぐに帰ってこい、と（笑）。昔は海を渡ったら、もう日本には戻れないという風潮もありましたけど、いまはそうじゃない。向こうの水が合わなければ胸を張って堂々と帰ってきて日本で頑張る。それでいいんじゃないですか。

2 愛嬌ある名投手・上原浩治

†〝野手投げ〟でアップテンポ。上原先発試合は早く終わる

巨人・上原浩治との思い出として印象に残っているのは、2006年の第1回WBC2次ラウンド初戦のアメリカ戦で、彼と一緒にバッテリーを組んだときのことです。

2次ラウンドを前にして、日本代表はメジャーのチームと練習試合を行ったんですけど、そこでも僕と組んでいいピッチングをしてくれたので、そのまま僕も本戦でスタメン出場。デレク・ジーター、アレックス・ロドリゲスなど当時バリバリのスーパースターを擁するアメリカ打線に2人で向かっていきました。ボブ・デービッドソン審判の「誤審」があった試合として記憶している人も多いかもしれません。そのときの上原の姿を、引退

と聞いたとき、真っ先に思い浮かべました。

日本ではお互い敵味方に分かれて対戦。どんなピッチャーだったかといえば、皆さんもおっしゃる通り、テンポがいい。上原が先発した試合はめちゃくちゃ早かったです。向こうのペースに持っていかれるので、なんとかそこを崩したいと思って、やっていました。

上原浩治投手

逆に、味方の野手としては守りやすかったと思います。ストレートにキレがあってコントロールもいいし、どの方向に打球が飛んでくるのか予測しやすいですからね。

〝野手投げ〟といったら言い方はおかしいですが、体全体を使ったコンパクトな投げ方。フォークを自在に操った、いいピッチャーでした。球種的にはストレート、フォーク、スライダーの3つだったと思います。フォークも、空振りを取りにいくフォークとストライクゾーンに投げていくフォーク、その2種類を投げ分けていました。佐々木（主浩）さんとは球の質こそ違っても、ちょっと似たタイプではありましたね。

対戦成績は、僕はそこそこ打っていると思います（通算対戦成績は98打数28安打、打率・286）。上原は「僕はシゲさんと対戦するのがすごく苦手なんです。全部読まれているみたいで」と話していたことがありましたけど、そんなことはないです。ただ、コントロールがよくて、ある程度、コースを絞っていけば大体そこに投げてくるピッチャーだったので、そういう結果になったのかもしれません。

† ベテランになって一軍にいなかったら意味がない

引退の前年、アメリカから帰ってきて、投げている姿を見たんですけど、正直厳しいなとは思っていました。ただ、そこは本人が納得のいくまでやることですから、我々がとやかく言うことではありません。実際、徐々に通用しなくなっているという現実は、誰よりも本人が感じていたと思うんですよね。

しかも、オフには左ヒザを手術、球団から契約解除を通告されながら再契約。どこかで、もう少しやりたいという思いがあったんでしょう。シーズン途中での引退は異例。いろいろな考え方があっていいと思うんですけど、彼の場合は、会見によると開幕からキャンプ、オープン戦とやってきて開幕して1カ月半、二軍で投げていても結果が出ない、このあたりが潮時だと。それは本音だと思います。

仮にファームで結果が出ていたとしたら一軍に上がっていたと思うんです。44歳という年齢になって、ファームに1年間いるということは事実上の戦力外。戦力になっていないということを本人が感じたんじゃないですか。そうなったときが引き時です。ベテランになって一軍にいなかったら、ほとんど意味がないですから。厳しい言い方に聞こえるかもしれないですが、その通りなんです。

性格的には、すごく愛嬌がありました。先輩に対してきちんとあいさつをして、どちらかというと謙虚な姿勢で接してきた。先輩からは、かわいがられるタイプでしたね。ソフトバンクの工藤（公康）監督のことを「キミちゃん」と言っていたようですが（笑）、僕に対しては「シゲちゃん」ではなく「シゲさん」と言っていました。

話は外れますが、イチローにしてもそうですし、メジャーで一旗揚げた選手は、引退後に日本でプロ野球の監督になるケースが多くない。実際、現在のNPBの指揮官でメジャーを経験しているのはロッテの吉井理人《まさと》監督、日本ハムの新庄剛志監督、西武の松井稼頭央監督、ヤクルトの高津臣吾監督です。日本には、指導者を指導する場がない、と言う方もいます。

野球の監督の場合、サッカーのようにライセンスを取らないといけないという規定もないじゃないですか。僕自身、監督になるにあたって、誰かに教えられたことはありません。他人のマネをしても意味がない。もちろん、いろんな監督に仕えてきたから、いろんな監督のいいところを吸収してきました。ですから自分の野球観の中で、どう采配を振っていくかを考えることが大事だと思います。

†高卒野手の苦戦を考える。充実の二軍施設活用を

僕は正直、そんなにファームを経験していないんですよ。もちろん寮では生活していますが、1年目から一軍に帯同していた。横須賀市長浦の寮に4年間いて、目の前に練習場、室内練習場もあったので、みんなの邪魔をしないように室内で朝打ち込みをして横浜スタジアムに行ったりしていました。

まあ僕が1年目から一軍に出させてもらったのは、たまたま運がよかったからに過ぎません。そのとき、選手がいなかったので。

考えてみれば、寮というのは、チームにもよると思うんですけど、いまは基本的に二軍のグラウンドのすぐそばにあります。では、その環境をフルに使えているか。それができているのがソフトバンクだと僕は思います。ソフトバンクの二軍、三軍の選手たちには競争意識がある。ちょっとダメなら戦力外になってしまう。加えて、周りにはライバルが多い。そこで練習をしないとライバルには勝てない。やらないと置いていかれる。そういう意識をすごく植えつけられているチームだと思うんです。常に練習していますよね。つま

り、自分で這い上がっていきなさい、ということなんです。

ソフトバンクに限らず、基本的にいまはどの球団も野球をするには申し分ない環境がそろっているで、少なくとも寮にいる間は野球漬けでとことんやっておいたほうがいいと思います。そうじゃないと後悔してしまう。至れり尽くせりの環境に甘えるのではなく、しっかり活用してほしいですよね。そういうことを僕が思えるようになったのも、自分自身、寮生活を送っていたときに、もっとファームの施設を使っておけばよかったなという思いがあるからです。僕は一軍にいて、野球漬けの環境でとことんやるということはなかった。でも、やろうと思えばもっとできたと思うんです。それをせずに怠けていたところもあった。こんな場所に閉じ込めておくなよって（笑）。

長浦に限らず、ファームの練習場は総じてアクセスがよくない。それも仕方がないと思うんです。土地代などを考えると、郊外に作るしかない。あれだけの大きさの施設を中心地に作れる球団はないと思います。強いていえばソフトバンクぐらいです。そのソフトバンクですら、いまのファーム施設がある筑後市は、福岡市から結構離れていますからね。

ファームといえば、かつて甲子園で注目を浴びた高卒野手が多かれ少なかれ苦労しています。

理由としては、高校で毎日練習したといってても、授業が終わってからの1日たかだか2～3時間、多くて4時間でしょう。一方のプロは仕事ですから、朝から晩まで野球をやらないといけない。それは、体に異常が出てくると思うんです。

僕も高校からプロに入りましたが、僕の場合は大丈夫でした。どこかで手を抜いていたところもある。でも、そういうことも時には必要ですよ。その点、いまの選手たちはよくも悪くもマジメなんでしょう。なぜあんなにケガをするのか僕は不思議なんです。もともと育った環境も影響があるでしょう。僕なんかは広島の田舎の自然の中で常に生活していましたから、そういう意味では、いまは〝野生児〟が少ないですね。

体力面でなかなかプロの体になっていかない選手も当然いるでしょうが、一日でも早く一軍に上がっていくには、自分で何が足りないのかを見つけてやっていくことが必要です。そのためにも、寮の近くにある練習場をフル活用すればいいと思います。寮の食事もどれだけ食べてもいいわけですから、体を作ろうと思ったらいくらでもできます。

ウチの事務所のマネジャーなんか、プロ野球の寮に入ったらすぐに100kgになります、ハハハ。

3 野村克也さんの遺志を受け継ぐ

†〝続きの谷繁〟は野村ID野球対策

2020年2月11日のことでした。僕は中日ドラゴンズのキャンプ地である北谷《ちゃたん》に向かっていました。午前9時半前にホテルを出てタクシーに乗っていたときです。事務所のスタッフから「野村さんがお亡くなりになりました」とラインに入っていました。は？　最初は信じられませんでした。すぐにネットで調べたらそんな情報は出ていない。ガセじゃないの？　そう返したら、朝のニュースでやっていたと。

それからものの5分もしないうちに、改めてネットを確認したら訃報が一斉に流れていた。これはホントだ、と。ついこのあいだ金田正一さんのお別れの会で、車イスでしたけど野村さんのお姿を拝見したときに、去年球場でお会いした様子とそんなに変化はなかったので、どうしたんだろうというのが率直な気持ちでした。

僕にとっての野村さんとの接点をいうと、野村さんがヤクルトの監督をされているときに、横浜で対戦していた、そこからです。

いま振り返れば、敵の監督でありながら野村さんには成長させられたなという思いがあります。僕がレギュラーを獲る以前から対戦が始まり、レギュラーを獲ってからも対戦しましたけど、その過程の中で、監督野村さんのことはやっぱり意識していました。というのもキャッチャーが嫌がる作戦を仕掛けてきた。そこをなんとか阻止できるように、はぐらかすようにと、ヤクルトと戦うときには常に考えていました。相手のキャッチャーには古田敦也さんもいましたからね。

キャッチャーの嫌がる作戦というのは、具体的にはエンドランとか一、三塁での重盗などの奇襲作戦で動いてきたことです。僕の配球の傾向をほぼ相手バッターが把握していた。それも全部、野村さんの指示だったと思います。

さらにキャッチャーがコースに構える動き一つひとつがバレていたんです。いまはコースを教えることが禁止されていますが、当時は、たとえば僕のクセとして、右足を先に動かすと野村さんがベンチから声を出す。それを聞いたバッターが一瞬のうちに外のコースにヤマを張る。つまり、無意識のうちにこちらが情報を与えていたということです。

そういうことを僕も徐々に分かってきたので、動かす足と実際にピッチャーが投げるコースを逆にしてみたことがありました。そこで、相手の読みが狂ったときには、してやっ

野村克也氏

たりという思いにもなりました。

配球に関しても、相手のデータをかいくぐって、ヤクルトの情報にはない攻めをしていかないといけません。当時の僕は〝続きの谷繁〟と言われていました。相手の苦手な球種、コースを徹底的に続けたことが由来です。〝続きの谷繁〟はある意味で、野村ＩＤ野球対策なんですよ。セオリー通りの配球だと読まれてしまう確率が高かった。ならば相手の頭の中にほとんどない配球をしていかないといけない。そこで同じ球種、コースを続けたんです。いったん僕のイメージが相手にすり込まれると、裏をかいて正攻法のリードをすることで混乱を誘うこともできました。

敵チームから見れば野村さんは本当に嫌な相手でしたけど、だからこそ、僕はキャッチャーとして成長できたと思っています。いままでいろんな監督と対戦しましたけど、野村さんのような監督はなかなかいないですよね。

† 98年の優勝翌年、目指すは全試合フルイニング出場

選手としての野村さんを目標にしたのは１９９９年のことでした。前年に僕はレギュラ

ーとして優勝、日本一。ベストナイン、ゴールデングラブ賞も獲りました。さらに自分のレベルを上げるためにはどうすべきかと考えた結果、今度は、常に試合に出たいという思いが芽生えたんです。それまでも出たいとは思っていたんですけど、ゲームの大勢が決まったりすると、どこかで「抜く」ところがないと1年間戦えないと思っていました。

でも、99年はシーズンが開幕してすぐ、何かで情報を仕入れたんですけど、キャッチャーとしてシーズン全試合でフルイニングに出場した選手が野村さんしかいない、と。これを目指してみようと思ってやり始めたんです。

どんな状況だろうと、プレーボールからゲームセットまで1回も外されずに出ようと。野村さんを目標にしたのは、そこが初めてです。それまでは、野村さんの数字というのは、逆立ちしても届かない天文学的なもの。ホームランにしても試合数にしても、僕が目標とできるような数字ではなかった。何かないかなと思ったときに、全試合フルイニング出場があったわけです。

当時の監督は権藤博さんだったんですけど、「今年は全イニング出たいんです」とお願いしたところ、了承してくれて、99年はずっと使ってもらいました。それが1カ月、2カ月……4カ月出続けたところで、きついなあと思い始めた8月のことです。ちょっとした病気じゃないですけどじんましんが出始めた。これは完璧に疲労なんです。試合中や夜寝る間際になると発症したので、それを止める薬を打ってもらったんですけど、症状はひどくなる一方。さすがにこれは無理だと思って、95試合目の試合途中で途切れてしまいました。

そのときに思ったのは、キャッチャーでフルイニング出場は厳しいなということです。

野村さんというのは凄いキャッチャーだと改めてその偉大さに感服すると同時に、その目標は断念しました。自分の状態を見ながら、グッドコンディションで試合に出ることを優先するようになったんです。

その時点では、僕はまだ2000試合にも達していないんですから、のちに野村さんの3017試合を更新するなんて思ってもいませんでした。そこを意識したのは、2800試合まで行ったときですね。あと217試合。ということは元気な状態で2年かかる。たとえば、100試合と120試合に出れば抜ける。よし、ここを目指そう、と思いました。

もちろんチームの優勝が一番の目標でしたけど、その中で個人の記録ということを考えると、最終的には試合数しか僕には届く数字がなかったんですよね。

2015年にその目標が達成された。そのときに野村さんの率直な思いとして伝え聞いたのは「これでワシは（通算本塁打も通算打点も通算試合出場も）全部2位だ」ということです。一つは一番上でいたかったらしいです。それを聞いて、僕は「やってやったぞ」という思いのほうが強かったです。

†捕手の地位向上に尽力。野村さんの遺志、受け継ぐ

野村さんの公式コメントとしては「キャッチャーという重労働にもかかわらず、よくやった。無事これ名馬だ」とおっしゃっていただいたのを記事で見た記憶があります。最終的には僕のことを認めてくれたんだと思うんです。

僕が古田さんと違ったのは、野村さんと直接的な師弟関係にあったわけではないということです。どういうミーティングをやっていたかというのは、後年情報として入ってきましたけど、それによると、野球の戦略の前に、人として、どう生きるかが大事だと。これは凄いことだと思いました。

でも一度仕えてみたい監督だったかと言われると微妙なんですよ。野村さんの追悼番組

も見ましたけど、メディアの前でのサービス精神が旺盛じゃないですか。それは表の顔というところもあるでしょうし、裏ではまた少し違う野村さんもいるでしょう。僕にとっては、メディア向けの野村さんがすごく面白いと。面白いですけど、一つひとつの言葉の裏には深い意味があるんだろうなと思います。

同じポジションとして、野村さんはキャッチャーの地位向上に尽力されました。野村監督の下で、古田さんも飛躍されて、90年代からキャッチャーがスポットライトを浴び始めました。キャッチャーの存在感、価値観は明らかに変わりましたよね。

いまちょっといいキャッチャーが出てきたらメディアに取り上げてもらえたり、ファンの方にキャッチャーというポジションに対する興味を持ってもらえているということは、これは野村さんの功績だと思います。

だからこそ、僕らのようなキャッチャー出身のプロ野球OBが多少なりとも野村さんの遺志を受け継いでいかなければいけないと思っています。解説の仕事に関しても、コーチングにしても、キャッチャーというものを重要視してもらえるように。

最近は全試合フルイニング出場どころか、キャッチャーの併用が当たり前になっています。でも、時代とともに絶対に、チームの大黒柱になるようなキャッチャーは出てきますよ。少し前まではいいショートがいないいないと言われていましたけど、いまやパ・リーグは各球団に優秀なショートが粒ぞろいじゃないですか。いいキャッチャーも絶対に出てくるはずです。

キャッチャーとして試合に出続けるために必要なこととは何か。まずは体の強さですよね。次に、メンタルの強さ。野球に対する情熱。そしてキャッチャーというポジションを面白がれること。僕は僕なりにプロに入ってキャッチャーの面白さが分かってきました。キャッチャーはこうでなければいけないということも分かってきた。その面白さに気づくきっかけを与えてくれた一人は、敵将の野村さんだったかもしれません。

4 落合博満中日監督

† 大矢監督の思いやりと厳しさ。東京ドームでゲンコツ食らう

僕が横浜大洋に入団した1989年、最初の監督は古葉竹識《こばたけし》さんでした。広島で黄金時代を築いた頃はすごく厳しかったと聞いていたのですが、大洋の監督時代はすでに50歳を超えていた。高校から入った僕はまだ子供でしたから、ケガをしないように、どちらかというと甘やかされていました。僕はまだ古葉さんの戦力構想の中には入っていなかったのでしょう。

そして2年目の90年から須藤豊さんになりました。須藤さんは僕をなんとか育てよう、成長させてやろうと、常に気にかけてくださいました。当時のバッテリーコーチは佐野元

国さん（元近鉄）だったのですが、「マジかよ」というぐらいの練習をやらされました。でも、その中で僕たちがあきない練習方法を常に提供してくれました。ですから、きつかったのですが、そこには笑いもあった。佐野さんは一緒に汗をかいてくれました。覚えているのは、秋季キャンプで球場のある宜野湾まで那覇の宿舎からバスで行っていたのですが、毎クール1回は走って宿舎に帰らされたことです。15㎞の距離。そこで一緒に走ってくれたこともあります。おかげで体力的な土台を作ってもらえました。

須藤さんの時代には競争もさせられました。当時の大洋にはメインのキャッチャーとして、年齢がひと回り上の市川和正さんという原辰徳さんと東海大で同期だった方がいました。90年には西武から移籍してきた秋本宏作さんを僕と併用。そこは競争になります。本音を言えば、絶対に負けたくないという思いでやっていました。そういう闘争心をかきたてさせるのが狙いだったのかもしれません。

須藤さんが92年のシーズン途中（5月）に辞められた後、後任として江尻亮さんが就任されたのですが、僕はそこで強烈な危機感が芽生えました。秋本さんがメインで起用されるようになったのです。僕もまったく打てていませんでしたから、それは仕方がない。ただ、同時にこのままではダメだ、と。プロ野球という世界に心底向き合って取り組まなければいけないと思い始めたのはそこからですね。

翌年の93年に近藤昭仁さんが来られたのと同時に、バッテリーコーチとして大矢明彦さんが入閣。僕を育てるために大矢さんを獲得したようなものだったと思います。僕も徐々に力を付けてはいったのですが、なかなか一本立ちするところまでいかない。首脳陣の中にはキャッチャーとしての谷繁に見切りをつけてほかのポジションへのコンバートという構想もあったようです。

その中で、キャッチャーとしての僕を推してくれたのが大矢さんでした。大矢さんの期待にこたえるためには力を付けなければいけない。その力を付けさせるために、大矢さんは付きっきりで指導。前述の佐野さんなどから基礎は叩き込まれていたのですが、大矢さんからはさらに1段階上のレベルの心構え、技術を教わりました。キャッチャーとは何か、から始まって配球、キャッチング、スローイング、ブロッキングに至るまでです。

いまにして思えば、93年に横浜大洋ホエールズが横浜ベイスターズに変わって、谷繁を一人前にして要を作ろうという方針が球団としてあったと思っています。当時は、きついという思いしかなかったですが、すごくいい出会いに恵まれました。

大矢さんは96年に、コーチから監督に就任。プロ8年目に入っていた僕は、そこでようやく本当の意味でのレギュラーをつかみました。大矢さんは思いやりがある一方で、厳しい人でした。とにかく、気を抜いたりすると、怒られた。一度、東京ドームでゲンコツを食らったこともあります。理由は、ピッチャーにホームランを打たれたからです。僕の中では油断はなかったのですが、そのときの配球、リードの進め方がベンチには油断と映ったのでしょう。その後、バッテリーでベンチ裏のスイングルームに呼ばれて。ゲンコツを食らったのは僕だけですけどね。

ピッチャーにホームランを打たれた時点で「やっちゃった」と思ってベンチに帰ってきているので、叱られるのは覚悟の上。仕方がありません。もう二度と同じことはすまいと思うのですが、これがまた人間ですから、忘れた頃にやってしまうんですよね（苦笑）。そのときにまた、締めてもらう。

大矢さんの2年間を経て、98年には権藤博監督の下で、日本一になれました。僕はプロ10年目。キャッチャーとしてレギュラーで出ている以上、やはり勝たないと評価されないということはずっと言われていましたから、やっと認められたということで達成感は大きかったと思います。

権藤さんといえば「俺を監督と呼ぶな」というひと言が有名ですが、あの人は「監督」

と呼ばれるのがおそらくテレくさいのでしょう。まあ権藤さんはそれ以前からコーチだった流れで監督になったので、違和感はなかった。やりやすさはあったと思います。

†２００４年、落合監督来たる。噂で聞く話と実像との違い

97年のシーズン中に僕はＦＡ権を獲得していたのですが、球団がそのオフに4年契約を結んでくれたので残留、翌年から３年間は権藤さんの下で優勝、３位、３位。２００１年には森祇晶さんが来られて3位になった。30歳を過ぎていた僕は、年齢的に現役選手としての先も見えてきつつありました。もっと上のレベルを目指したい。もっと違う環境で残りの野球人生を全うしたい。そこで、その年オフに、２度目を迎えていたＦＡの権利を行使。２００２年からドラゴンズのユニフォームに袖を通すことになりました。その決断は間違っていたとは思いません。

ドラゴンズで最初に出会った監督は山田久志さんでした。山田さんは僕のことを信頼してくれていたので、すごくやりやすかった。その気持ちにこたえなければいけないという思いが強かったですね。山田さん時代の２年間は優勝こそありませんでしたが、３位と２

位。にもかかわらず、2年目の8月に突然解任された。何が起こっていたのか、理解できませんでした。

そして翌年から8年間、落合監督、続く2年間、高木守道さんの下でプレーすることになります。落合さんとはそれまで、話したことも、個人的な付き合いもいっさいありませんでした。まったく縁がなかった人が監督として来るとなると、選手というのは噂レベルでいろいろな情報を仕入れるものです。噂が本当に正しいのかどうかを実像と照らし合わせて、自分自身を変化させて新任の監督の流儀に少しずつ合わせていく。それができればいいのですが、一方で、苦手意識を払拭《ふっしょく》できない選手もいます。

落合さんが就任した2003年の秋、僕はオーバーホールに行っていました。僕のもとへは直接連絡はなかったのですが、「そんなにのんびりしていていいのか」という落合さんの話が伝わってきました。背番号も、前の年までの7から27に変更されると新聞を通じて知った後に、球団から連絡がありました。こういう人なのか……と率直に思ったのも事実です。

ある程度年齢を重ねてからの監督との付き合いというのは難しいところがあります。選手としてはそこまでやってきたという自負、プライドもある。そこを平気で崩してくる監

中日監督の落合博満氏（右から2番目）と著者（右から３番目）

督もいます。現役時代に、僕よりもいい成績を残している人からすると、お前のプライドなど大したことではない、となるのです。「お前、俺に文句を言うなら俺の成績を抜いてみろ」と言う人が、全員が全員ではないですが、僕らの上の世代のなかにもいます。しかし、野球界の縦のラインは絶対です。そこは尊重しないといけません。

いざ翌年の春季キャンプが始まると、落合監督に対するこちらの受け止め方もまた違ってきました。噂で聞いていたものと、実際に自分が直接接して感じるものはやはり違う。落合さんがすごいと思ったのは、1年間の戦略がブレなかったことです。現状の戦力で、どう戦えば一番勝つ確率が高くなるかという信念が常にありました。

ドラゴンズの空気は横浜とは違いました。横浜はファミリー的で、チーム内に家族のような雰囲気がありました。ただ、ここで問題なのは、それで強ければ最高なのですが、必ずしもそうではないということです。

†どんな名将でも勝てる選手がいなければ優勝できない

２００４年のシーズンを迎えるにあたって、落合さんは「大きな戦力補強をせずに個々の実力を10〜15％上げれば勝てる」と言っていました。最下位のチームを預かっていたらそういうわけにはいきませんが、前年のドラゴンズは2位。そこで選手のレベルを10％、15％上げれば、おのずと優勝にたどり着くという当然の話をしただけだと思います。

メディアからはさもマジックのように報じられましたが、我々からすると「前の年は2位ですけど?」という感じです。ピッチャーは川上憲伸、岩瀬仁紀、野手では立浪和義さん、アライバに福留孝介、僕などメンバーが揃っていたということだと思います。

言い訳にはしたくありませんが、監督というのはつくづくタイミングが大事だと感じています。どんなに良い監督であっても、選手がいなければ勝てません。野村克也さんもあれだけ名将と言われていながら阪神では成績を残せなかった。なぜか。勝つための選手がいなかったということです。いろいろなタイミングの中で、歴代監督というのは重責を引き受けてきたと思います。どんな戦力であろうと目標にしなければいけないのは優勝、日本一です。そこがブレてはいけません。

僕も2014年から監督をやらせてもらいましたが、歳月がたってみて、もっといろんな方法があったのではないか、もう少しこうやっておけばよかったのではないかなどと、反省はあります。その反省を生かしてリベンジする機会は、指導者としてもう一度、グラウンドに立って結果を残すしかないのですが、それはこちらがいくら思っていても相手がいることです。しかるべきタイミングが来たときのために準備をしておけばいいだけであって、そのタイミングが巡ってこない可能性もあります。それはそれで人生です。

5 スーパースター長嶋茂雄さん

†型にはまらぬ長嶋采配と、こうと思えば曲げない信念

僕は広島出身ですが、幼少時代からジャイアンツファンでした。小学校に入る前に父親にジャイアンツのユニフォームを着せられて撮った写真があるんですよ。

長嶋茂雄さんが引退した1974年はまだ3歳ですから、プレーをしている姿は当然、記憶にありません。それでもあれだけのスーパースターですから、物心がついてから現在まで長嶋さんのプレーの映像はいろんなところで見てきました。サードゴロを捕って一塁へ送球するのですが、あんなに走って投げなくてもいいのに、と思うぐらい華麗なプレー。意識してやっていたのか、あれが本当の素の長嶋さんなのかは分からないですよ。ど

ちらかというと自然に出るプレースタイルじゃないかと思います。だから凄いんですよね。

長嶋さんが2度目の監督をやられた1993〜2001年は僕の横浜大洋、横浜ベイスターズ時代と重なっていますが、型にはまらず、動物的カンに裏打ちされた采配という印象があります。型にはまらない。

でも、一本筋が通っているというか、これはやっていかないといけないという信念に関しては、いっさい曲げない。典型的な例は松井秀喜の育成ですよね。人づてに聞いたりメディアを通して知った話ですが、松井を自宅に呼んで熱心にスイングの指導をしていたという。監督が1人の選手にそこまでイレ込むというのは、僕は聞いたことがありません。ほかの選手たちの目もあったでしょう。でも、そういうことを意に介さない。ジャイアンツの将来にとって本当に必要な選手だったからだと思うんです。

†巨人が強くないとプロ野球は面白くない

長嶋さんの1回目の監督時代は、次のようなケースがあったそうです。巨人が1点負けている9回最後の攻撃で二死一塁。そこで一塁走者の代走・松本匡史さんを走らせた。セオリーからいうと、なかなか難しい作戦ですよね。いくら足が速いとはいえ、アウトになった瞬間、ゲームセット。それは避けたいというのが、大半の指導者の考え方だと思います。

バッターにもよりますが、1本のホームラン、ないしは長打を期待するのがセオリー。逆にいえば、大半の人がそう思っていたからこそ仕掛けたんだと思うんです。まさにギャンブル的采配。100％あり得ない作戦ではないので度肝を抜かれるほどではないのですが、意表をついた作戦であることに変わりはありません。もちろん、長嶋さんとしては、成功するという信念があったんでしょうね。

僕が監督だったとして、同じケースに直面した場合、100％セーフになる確率があるのであれば、盗塁のサインを出すと思います。もちろん、そこには裏付け、根拠が必要。事前の準備として、投手がクイックで投げたボールがミットに収まるまでのタイム、捕手が捕ってから二塁送球するまでのタイムを足して何秒かを割り出しておく。走者の脚力、リードした地点から二塁ベースへの到達タイムが、守備側のそれより確実に上回っているのであれば、おそらく僕はスタートを切らせると思います。

プラス、捕手が二塁まで完璧に投げられる可能性が何%なのか。二塁送球が一塁走者の滑り込んでくる地点よりほんの少しそれただけでコンマ何秒違う。そういう部分は賭け。長嶋さんならではの動物的カンがなせる作戦だったと思います。

僕の現役時代、第2次政権時代の長嶋さんは、どちらかというと攻めの采配を振るって

長嶋茂雄氏、1回目の監督時代

いました。そんな長嶋ジャイアンツに僕らはどう立ち向かったか。93年あたりはいいようにやられていました。その後、僕らに力がついてきてようやく対等に勝負できるようになってきてからは、とにかくジャイアンツをやっつけたいという思いでやっていました。

当時は、やっぱりジャイアンツに勝たないとスポーツ新聞の一面にもなれないし、記事にもならない。自分を売っていくためにはジャイアンツ戦で活躍しないといけない——いつもどこかでそう思いながらプレーしていたんです。98年に横浜が日本一になったことで、やっとその目標を達成。当時のスポーツ紙は連日のように一面で取り上げてくれました。

本音をいえば、僕も子どもの頃からジャイアンツファンでしたから、いつかはあのオレンジと黒のユニフォームを着たいという思いがあったんです。でも、いつ頃からか、ジャイアンツをやっつけるというスタンスのほうが自分らしいなと考えが変わってきました。

21世紀になってからのジャイアンツは、原さんが2012～14年にリーグ3連覇してからは、勝ったり勝たなかったりしています。要は、ジャイアンツは強くないとプロ野球は面白くないということです。

†調子が落ちても代えられず、我慢して使ってもらうために

この選手は5年、10年とジャイアンツのレギュラーを張っていけるという部分が見えるのなら、少々調子を落としても我慢して使うと僕は思うんです。たとえば、岡本和真は高橋由伸監督の時代から中途半端な起用をしていないんですよ。ジャイアンツとして将来的にこういう選手に育てるというプランの中で彼を獲得して、成長させていった。

でも、そうではない選手もいます。調子のいいときだけ使われて、落ちてきたときに代えられる。これはプロとして仕方のないことだと思います。

ならば、代えられずに我慢して使ってもらうための何かを見せることも、選手にとっては必要だと思います。

選手というのはみんながみんな平等ではありません。ポジションを与えて「1年間やり通せ」という選手と、「お前らは自分でつかみなさいよ」という選手に分別されます。投手でたとえても、いくら負けてもチャンスを与えられ続ける投手と、1試合ダメならファームへ行かされる投手がいます。

同じ選手に対する評価は、指導者によってまるで変わってくるものです。僕の場合、大矢明彦さんが横浜の監督に就任された96年に使い続けてくれた。前任の近藤昭仁さんはそうではなかった。運命とよく言いますが、どの監督の下につくかというのは自分では決められません。そして、チームを任されている人の考えには選手は従うしかない。これも仕方のないこと。どんな状況であっても、その中で結果を出していく、それこそがプロの世界です。

6 野球殿堂入りした権藤博さんと立浪和義さん

†権藤さんは投手の体を理解して無理させなかった

権藤博さん（元横浜監督）、立浪和義さん（現中日監督）が2019年度に野球殿堂入りを果たしました。おふたりとも僕にとっては縁のある方々です。

まず競技者表彰のエキスパート部門で選ばれた権藤さんですが、やってこられたことが評価されたということで、一緒のチームで同じ時代を過ごした人間としては素直にうれしく思います。

1997年に、僕が当時在籍していた横浜ベイスターズにピッチングコーチとして来られ、翌98年からは監督に就任されました。僕も10人ぐらいの監督の下でやりましたが、権藤さんはほかの指揮官にはないユニークな発想の持ち主でした。自分のことを「監督と呼ぶな。名前で呼べ」という〝権藤語録〟が有名です。もう一つ言えるのは、ある程度実績のある選手に対してはプロとして扱ってくれる監督でしたね。

一つめの「監督と呼ぶな」と言われたのは、監督として行った最初のミーティングでした。選手のほうでも違和感なく「権藤さん」と呼ぶようになりました。だからといって、

権藤博監督

ナアナアな関係ではなかった。監督との立場の違いをきちんとわきまえた上で、僕らも大人として接していました。

権藤さんが現役時代に、「権藤、権藤、雨、権藤」と言われたことは、僕らも知っています。これでもかというほど投げて、その結果、肩を壊して選手寿命を縮めてしまった。その経験から投手の分業制を確立させ、連投に関してもきちんと制限をかけて「きょうはこれだけ投げたから、あしたはとにかく上がれ」と言って、絶対に投げさせませんでした。ピッチャーの体のことをよく理解して考えられていた方だったと思います。

斬新だったのは中継ぎ陣にローテーションを敷いたこと。勝ちゲームの投手リレーを2パターンつくって、無理させないようにローテーションを組んでやっていました。具体的には、左なら阿波野秀幸さん、森中聖雄、関口伊織を分けて起用して、右は島田直也、五十嵐英樹、横山道哉、西清孝さん。ピッチャーのコマは揃っていました。その中で島田と五十嵐を同じ日に投げさせないとか、うまく使い分けていましたね。

絶対的な抑えだった佐々木主浩《かづひろ》さんにしても、シーズンの最終盤まで回またぎはさせなかった。1イニング限定。これは崩していません。そして最後の最後、残り何試合かというシーズン最終盤に来て、初めて「やるぞ」と〝またぎ〟のゴーサインを出したんです。

予めそうやって方針を伝えられれば、ピッチャーも心の準備ができます。

†信頼されていると、こちらに感じさせてくれた監督

権藤さんはピッチングコーチ歴が長かったですよね。中日、近鉄、ダイエー。仕えていた監督とピッチャーの起用法を巡ってぶつかったことも多々あったと聞きますが、それは自分を守るのではなく、ピッチャーを守ったんだと思うんです。そういう配慮をピッチャーが察しないはずがない。権藤さんが行く先々のチームでピッチャーに慕われたのも納得できます。

98年の横浜が最後までへたらずに優勝できたのは、打撃陣の頑張りもありましたが、権藤さんの采配が大きかったのは間違いないです。

もちろん、野球の正解というのは一つではありません。限られた選手寿命の中で完全燃焼させてケガをしたら仕方がないという考えの監督もいるでしょう。権藤さんのように、なるべく元気な体で長い間、投げさせてやりたい方もいます。

どちらが正解かは分からないですが、一つだけ言えるのは、プロは結果で評価される世界

であるということ。優勝して日本一になったからこそ分業制に脚光が当たった。権藤さんは「時代の流れだよ」とおっしゃっていましたが、時代を読む想像力もあったんでしょうね。

配球に関しては、常に言われたのが「逃げて打たれるなら攻めて打たれろ」ということ。逃げていたら何も得るものがない。ストライクゾーンの中で勝負しなさいということだと思います。要するに、相手の打者にバットを振らせるかどうかじゃないですか。ストライクゾーン以外のボールはやっぱり相手は振らない。イコール情報が何も入ってこないということです。

権藤さんが考えているのとちょっと違う配球をしたとしても、「なんでこのボールを投げさせたんだ」と言うことは一切なかったです。ときおり「あそこはこっちのほうがよかったんじゃないか」などということは言われましたけど、頭ごなしにダメ出しすることは、あの人の場合、なかった。ましてや連敗が続いたときに選手に対してキレるようなマネは絶対にしなかったですね。

権藤さんといえば、マウンドに来たときに、よく腕を組むポーズを取っていたのを覚えている読者の方も少なくないと思います。２０１７年に行われた横浜のＯＢ戦で佐々木さんが最終回に登場したとき、あれから20年の歳月が流れていたにもかかわらず、権藤さんはやっぱり腕を組んでいました。それがあの人のスタイルなんじゃないですか。

いずれにしても権藤さんは、選手としてやりやすかったというか、信頼されているんだなところに感じさせてくれた監督でした。

†ユニフォームで球場サウナに。代打・立浪の姿勢に感銘

現在、中日監督の立浪さんは、高校（ＰＬ学園高）を卒業して1年目にレギュラーを獲得。体は僕より小さくて途中に何度もケガがあったのに、毎年コンスタントに成績を残して22年間の選手生活を全うされました。

ＰＬの春夏連覇は、僕が江《ごう》の川高（島根県、現・石見智翠館高）の2年夏、甲子園に初めて出場したときのことでした。ポジションが違ったため、憧れというのはなかったですけど、やっぱり当時からすごいバッターだったという印象があります。

僕が２００２年にドラゴンズに行ってチームメートになったときは、年齢が近い分だけチームの状況を雑談っぽく話したりしました。当時の僕は横浜でレギュラーを取っていましたし、ＦＡで行ったこともあって、立浪さんは気を使ってくれながらも、どこかでリス

立浪和義選手

ペクトしてくれていたところも感じました。

技術もさることながら、やっぱりメンタルが強いですよ。どういう状況であってもまったく動じない。自分が追い込まれれば追い込まれるほど気持ちのスイッチが入る。そういう凄みはありましたね。

印象的なのは、現役晩年の姿です。当時はもっぱら代打起用でしたけど、ずっとレギュラーで出ていたときより代打のほうがメンタル的にはしんどかったと思うんです。にもかかわらず腐らず、さっき言ったように顔にも出さず、レギュラー時代と変わることなく準備をして、その準備の仕方も自分で模索しながらやっていました。

いい年齢に差し掛かったところでの代打でしたから、ずっとベンチで試合を見ていると体も固まってくるし、ナゴヤドーム（現 バンテリンドーム ナゴヤ）では戦況を読みながらユニフォーム姿のままサウナでストレッチしてきて素振りするなど、いろいろやってましたよ。その姿勢を目にして、見習うべきものがありました。

殿堂入りしたことで球界への恩返しというようなこともおっしゃっていました。

ここまで権藤さん、立浪さんについて書いてきましたけど、野球殿堂というのは、やっぱり名誉なことだと思います。それ以上の表彰はないわけですから。プロ野球に携わってきて、最終的に表彰されるのが野球殿堂だと思うんですよね。

球史に自分の名前が永久に残るというのはやっぱり誰もが入れるところじゃない。日本で野球が始まって以来、これまで何人のプロ野球選手がプレーしてきたか。殿堂入りされた方はその中のほんの一握り。それだけに、おふたりの殿堂入りというのは、改めてすごいことだと思い知らされます。

7 3人の戦友・岩瀬仁紀、荒木雅博、浅尾拓也

ドラゴンズで一緒にプレーした3人の戦友、岩瀬仁紀、荒木雅博、浅尾拓也が2018年に揃って引退しました。スポーツ選手に永遠はありません。いずれその時が来るということを考えると必要以上の感傷はないんですよね。それより問いたいのは、悔いはなかったか、やりきってユニフォームを脱いだかということ。まあ人それぞれ、大なり小なり悔いというのはあると思うんです。

僕の場合は、ほぼやりきりました。数字を振り返っても3000以上の試合に出場して2000安打も打った。優勝も日本一も経験。27年間の中で、悔いの残ったシーズンもありますけど、総合的に考えたら、もう十分にやった、これ以上、何を求められても……という感じでした。

3人にしても、悔いを残さないままユニフォームを脱いだのなら言うことはない。あとは「ご苦労様でした」の言葉に尽きます。

†忘れじの07年日本シリーズ――岩瀬は不思議だけど頼りに

岩瀬は不思議なピッチャーでした。不思議なんだけど頼りになる。僕が02年にドラゴンズに行ったときは、まだ抑えではなく、勝ちゲームの7、8回を投げていた。04年から抑えとして一緒にやりましたけど、マウンドで投げているボールを見ると頼りになるピッチャーでした。

横浜ベイスターズ時代にバッテリーを組んだ佐々木主浩さんとは左右の違いはありましたが、どちらも必殺のウイニングショットを持っていた。佐々木さんがフォークなら岩瀬はスライダーで、空振りも取れれば打ち取ることもできる。技術以上に2人に共通していたのは、ものすごく優しくて思いやりのある性格の持ち主ということです。最終回の厳しい場面でマウンドに上がることがほとんどじゃないですか。その中で成績を残すには、メンタル的にやっぱり強い気持ちを持っていないといけない。きつい性格だったとしてもおかしくないですけど、2人ともユニフォームを脱ぐと、すごく優しかったので、そこが不思議なんです。

岩瀬仁紀投手

荒木雅博選手

浅尾拓也投手

岩瀬は色白で、ホント見ての通りですよ。天然じゃない。ちゃんと自分の状態というのをきちんと把握できているピッチャーでした。

佐々木さんともそうでしたが、9回に岩瀬がマウンドに上がったときには、あまり余計なことは言わずにアイコンタクトを交わしていました。余計なことを言うと変に気にしそうな雰囲気もあったので、顔色だけ見て、いつも通りかどうかを確認。今日はちょっと様子がおかしいなと思ったときには、さりげなく「大丈夫?」「どう?」と声をかける。岩瀬も本音で「今日はあまりよくないかもしれませんね」と返してきたときには「分かった」と、いつもと少し違う攻め方をしました。

ちょっとした異変を感じるのは、年間を通して2割ぐらい。佐々木さんにしても岩瀬にしても人間ですし、毎回ベストな状態で出てくるわけではない。そういう変化を僕が感じられなかったときには、いつもと同じルーティン。サインの確認だけしてボールを受けに定位置へ戻っていきました。

岩瀬といえば、2007年の日本シリーズ第5戦が印象深いと本人も語っていました。日本一に王手をかけたドラゴンズは8回まで先発の山井大介が日本ハム打線を完全試合で抑えながら降板。9回からマウンドに立った岩瀬は1対0のリードを守り切って継投による完全試合を達成するとともに、ドラゴンズに日本一をもたらしました。

山井の降板に関しては、右手の中指のマメが潰れて、森繁和ピッチングコーチ（当時）から「どうだ？」と。もういいだろう的なニュアンスで、山井はとらえたみたいですね。10人いれば野球観はそれぞれ違うわけですから、いろんな考えがあっていいと思うんですけど、あの場面というのは、僕は交代がベストだったと思います。山井が続投して完全試合でゲームセットになっていたかもしれないし、打たれていたかもしれない。後者の場合、流れが変わって（3勝2敗で）札幌に行かなければいけない。逆転日本一を食らった可能性もあったわけです。

あれが日本シリーズじゃなくて、シーズン中の試合だったら違ったと思うんですよ。あとは状況。3対0だったら続投という判断もあったでしょう。しかし、1対0。おまけにドラゴンズの日本一は53年ぶりですから、あの場面で判断しなければいけないことを考えると僕自身、代えてくれと思っていました。それは森さんにも伝えました。

いざマウンドに上がった岩瀬は、普通の精神状態じゃないような感じでしたね。僕はひとこと言ってるんですけど、何を言ったか覚えてないんですよ。僕自身も興奮していたのか？　というより、岩瀬をいつもの状態にしなければいけないと思ったんです。

岩瀬もきつかったと思いますよ、あの状況で出ていって3人で打ち取って日本一になるというのは。それだけの技術、精神的な強さがあったということでしょうね。

†一番多く首を振った浅尾、直感型の不思議ちゃん

2008年には浅尾が岩瀬につなぐセットアッパーとして頭角を現してきました。彼もどちらかというと不思議なタイプでしたね。いままでで一番多く首を振られたピッチャーだと思うんですよね、僕は。

基本的に、僕はピッチャーの投げたいボールを投げさせるというスタンス。配球を組み立てていく中で、その場その場で一番適切だと思う球種を要求して、首を振られたら次のボール、また振られたら次と準備はしています。そうやって自分の中で順位付けしている球種のサインを出していくんです。

浅尾の場合は真っすぐ、フォーク、スライダーの順。僕が一番選ばない最後の球種を、彼は選ぶ傾向が結構強かった。僕の中では「ここで真っすぐ行っとけば、あとあと楽になるのにな」という場面でもスライダー、フォークを投げたがっていましたね。それでも球

の力があったし、自分の意志というのも球にこもっていたので打たれた記憶はそんなにないんですけど、所々で打たれるんです。そうすると、後から「あれ、まずかったですかね」と言ってくる。「こうこうこうだから、このサインを出したんだけど」と僕の意図を説明しましたけどね。

当時は彼もまだ若かったですけど、先輩キャッチャーに言われるまま投げるんじゃなくて、自分の頭で主体的にモノを考えていたのか。それが分からないんです、あいつの場合だけは（笑）。その時々のインスピレーションというか直感型、野生の勘なんですよ。そこが「不思議ちゃん」の所以。ちょっと枠を外れた考えのピッチャーという印象はありました。

実働10年、太くて短いプロ野球人生というイメージもあるかもしれませんが、本人に聞いたらスッキリしてました。ただ、最後の何年間かは苦しかったでしょうね。なかなか自分を変えられなかったというか、全盛期の自分を追い求めすぎた。岩瀬もそうですが息の長いピッチャーというのは、マイナーチェンジを少しずつ繰り返していくんですよ。それがなかなかできなかったピッチャーですよね、浅尾は。体格的にもそんなにガッチリしているピッチャーでもなかったので、肉体もかなり悲鳴を上げていたんでしょうね。

それにしても、当時のドラゴンズは岩瀬と浅尾がいたわけですから中継ぎは6、7回を4人ぐらいでまかなえば8、9回は抑えて勝てると、みんな思っていました。先発陣も7回まで自分が頑張ればいい。横浜時代には巨人の当時の監督だった長嶋茂雄さんが「佐々木が出てくるから横浜とは8回までが勝負」とおっしゃっていましたけど、当時のドラゴンズはさらに1イニング早かった。それぐらい岩瀬と浅尾の存在というのは大きかったです。

†抜けたと思った打球を好捕、荒木の守備範囲の広さは随一

もう1人、荒木のあの守備範囲の広さに僕は驚きましたね。キャッチャーは事前に守備位置を確認していて、打たれた瞬間に「あ、抜けた」と大体思うものなんですけど、その打球に追いついていましたからね。おお、助かった~みたいなケースが何度もあります。僕はいままでいろんな内野手と一緒にやってきましたけど、守備範囲に関していえば荒木が一番広かったと思います。

あとは走塁の技術ですよね。打球判断も、ベースを回るのも速かった。いざという場面

が来れば、頼りになるヤツだと思っていましたよ。荒木も2000安打を放った。僕もそうでしたけど、2000本なんて打てるとは荒木本人も思ってなかったと思うんですよね。大記録を達成できたのは、守りから地位を築いたということです。守りがあるから試合に出られた。その結果、2000本までたどり着いたということでしょうね。

8 「清風寮」の寮長・三浦健児さん

†門限破りで〝正面突破〟も！ 鉄柵でズボンがズタズタ

僕は1988年秋のドラフト1位で指名されて横浜大洋に入団後、横須賀市長浦町にある合宿所、清風寮（現在は青星寮）に入りました。

当時の規則では高校出が4年、大学出2年、社会人出が1年、入寮することになっていました。ただ、社会人でも妻帯者は免除です。

僕は江の川高校時代も寮生活を経験していたんですけど、天と地の違いがありました。高校時代は2人部屋だったのが1人で部屋を独占でき、食事もおいしい。食堂にはカレーが24時間置いてありました。いま横浜スタジアムで「青星寮カレー」として販売されている、あのカレーです。大きめの炊飯ジャーに入ったご飯とカレーを、おなかがすいたら食べていました。当時の親会社は大洋漁業でしたけど、魚料理中心というより、栄養のバランスを考えたメニューを料理人さんがつくってくれました。全般的に、おいしかったですよ。

寮長は、三浦健児さんという方で、大洋漁業に長年勤務され、ホエールズの応援団長も経験された方です。この方がご夫婦で合宿所を切り盛りしていました。

僕は運よく1年目から一軍の試合に出ていたので、ナイターが終わって合宿所に帰ってくるのは夜遅い時間になるわけじゃないですか。そんなときでも三浦さんは寝ないで待っていて、温かいご飯を用意してくれた。外食してから帰る旨を連絡すれば、「気をつけて帰ってこいよ」と優しい言葉をかけてくれました。

当時の僕は少々ヤンチャでしたので（笑）、門限を破ったことは、何回もあります。門限は深夜11時とか12時だったかな。一度、連絡をしないで門限を破ったことがあったんですね。その時間を過ぎると門が全部閉まるんですよ。自分の部屋に戻るためには、正面突破で玄関前の柵を乗り越えなければいけない。そこでよじ登っていたところ、ズボンが鉄柵にひっかかりビリビリに破けてしまったんです。翌朝、三浦さんに正直に報告したら、怒るどころか「ケガはするなよ」と心配してくれた。そして「シゲ（僕のアダ名です）、今度から裏口を開けておくから、そっちから入ってこい」と言うとニヤリと笑いました。

†アットホームな寮の雰囲気。のびのびと育ち98年Vへ

三浦さんとの思い出は尽きません。

寮の目の前にグラウンドがあるんですけど、練習日に、僕は寝坊したことがありました。前の晩にちょっと夜更かしして、練習時間の午前10時になっても、寝ていたんです。そのとき「シゲ、練習始まってるぞ！」と叩き起こしに来てくれたのも三浦さんでした。

20歳を超えてから休みの前日に酒を飲んで帰ってきて、次の日は二日酔いで頭がフラフラというときもありました。ロビーのソファに寝転がって「頭、いてえ～」とウンウン唸っていたら、三浦さんが冷たいおしぼりを僕の頭に乗せてくれて、看病までしてもらいました。

昔の時代の寮長というと厳しいイメージを持つ読者の方もいるかもしれませんが、少なくとも僕のいたころにはそういうことはなかった。三浦さんは親しみがある方でしたよ。

親代わりというか、いつも僕らの味方になってくれる人でした。特に、僕のように地方から出てきた人間にとっては心強かったですね。え、三浦さんは「佐々木（主浩）や谷繁のように遊んでるヤツほど大成した」と言ってたんですか。ハハハ。

とにかく三浦さんをはじめ、料理人さん、掃除のオバサンまで、みんな人のいい人だった。風呂に入っていても、お構いなしに風呂掃除に来るし、僕がいたころの合宿所はすごくアットホームな雰囲気でした。

そういう恵まれた環境だけに、もっと練習に打ち込まなければいけなかったんでしょうが、いまにして思うとその4年間は合宿所ではそんなに練習していなかった。一軍にいたので、午前中に少し打ってから横浜スタジアムに向かうということはしていましたけど。

当時の仲間とのエピソードも書きましょう。1年早く盛田幸妃さん、野村弘樹さんが入っていて、1年後には佐々木さんが加わるんですけど、同級生が多かった。僕が指名された88年のドラフトでは高校生が石井琢朗など6、7人。お互いの部屋を行き来したりしていました。佐々木さんが入ってきた後にはトランプに興じたり、音楽をガンガンに鳴らすなど、みんなで愉快に過ごしていました。いま振り返ると、高校の修学旅行の延長のようなノリでしたね。

ただ、高校の寮生活とはまるで違います。高校時代の寮というのは、何もかも禁止されていた。消灯時間になれば強制的に電気が消えて騒ぐこともできない。そう考えると、プロの寮生活は天国のようでしたね。

合宿所が横須賀にあった関係で、足が必要でした。ところが、高校出は、車を持てるのが3年目からなんです。社会人から入った人は1年目から車を持てたので、その人に乗せてもらって、寮と横浜スタジアムとの往復をしていました。3人ぐらいでタクシーを乗り合わせて〝通勤〟したこともあった。昔は経費を結構使っていましたね。バブルの名残があって羽振りがよかった。これがプロだなと思いました、

僕は高校卒業前後に免許を取ったんですけど、マイカーを持てるようになってから最初に買ったのが、銀のフェアレディZ。中古のポンコツでしたけど（笑）、車で横浜横須賀道路をすっ飛ばしていたのも、いまとなっては青春のいい思い出ですね。

このように、のびのびした雰囲気が、少なくとも僕がいた時代までのベイスターズにはありましたね。これは伝統的にチームに受け継がれてきた空気でしょうし、98年の38年ぶりの優勝も、そうしたチームカラーが権藤（博）監督の手綱さばきによって、引き出された結果だとも思っています。

第2章

すごい試合、ユニークなチーム

1 日米野球で抱いた憧れ

僕らのころのメジャー・リーグって憧れですよね。まだ遠かった。日米野球に選ばれるというのは、オールスター並みのステータスを感じました。時期的には、シーズンが終わってからの開催ですから、日米ともお互いにそこまで本気ではなかったと思うんですけど、胸が躍るようなワクワク感というのを覚えています。

最初に出たのは1996年。初めて打率3割を打って、ようやく自他ともに認めるレギュラーになれたかなと思えた年ですね。

鮮明に覚えているのは、アメリカ選抜のテキサス・レンジャーズのホアン・ゴンザレスという右バッター。その年ア・リーグMVPを獲得し、92&93年には2年連続でホームラン王に輝いている選手です。

そのゴンザレスを打席に迎え、マウンドには木田（優夫、巨人）さんがいました。当時の木田さんは快速球で鳴らしていた。ストレートは145〜6キロ、速かったですよ。これをアウトローのギリギリに投げた。マスクを被っていた僕は「よし！」と思いました。ピッチャーが投げた瞬間に、キャッチャーが手応えを感じたボールというのは、ほとんどヒットにされないんですよ。よくてもファウル、あるいは凡打。ところが、これをド会心でセンター前に打ち返された。スイングの速さ、ヘッドスピードというのは正直、びっくりしました。うわっ、これがメジャー・リーガーかと……。

日本人、外国人を問わず対戦した中で、そういう思いにさせられたのはゴンザレスと、あともう1人しかいません。オリックス時代のイチローです。オープン戦で当たったときにアウトローのストレートを、同じように「よし！」と思った次の瞬間、イチローはカチーンとレフト前にライナーで運んだんです。

96年はほかにもまだまだ凄いメジャー・リーガーはいたんでしょうけど、ゴンザレスはもう次元が違うと、唸らずにいられませんでした。同じキャッチャーとしてイバン・ロドリゲス（レンジャーズ）も印象に残っています。サイズ的には背丈も体重も一緒ぐらいだったと思うんですけど、とにかく肩が凄かったですね。キャッチングもうまかった。バッティングもよかったですし、すべてを兼ね備えたキャッチャー。彼の打撃フォームを真似たりもしましたよ。最終的には僕には合わないなと思って、やめましたが（笑）。

いずれにしても、憧れじゃないんですけど、僕たちが中学生、高校生のときに日本のプロ野球選手を見て、うわあ凄いなあと思っていた、それに近い感覚。ですから、そこを目指そうという気持ちは、そのときには一切なかったですね。イチローはこの年の日米野球でメジャーへの気持ちが本格的に高まったそうですが、そこは僕とイチローのレベルの違いですよ、ハハハ……。

†そこまでしてメジャーに行く必要があるのか

2年後の98年、横浜で日本一になった年に2度目の出場。自分の中では力がついてきたという自負があった中で、モノの見方も変わってきました。メジャーでやってみたいなというところまでは行ってないんですけど、興味は湧いてきた。もしかしたら……もしかしたら通用するんじゃないかなと。もうひと回り体を大きくしていけば……そういう思いが芽生えた年でしたね。

当時はちょうど、日本人のメジャー挑戦ラッシュが始まりつつありました。横浜でバッ

日米野球の試合風景

テリーを組んだ佐々木（主浩）さんが99年のオフにマリナーズに行っています。イチローはその翌年のオフに海を渡って2001年からプレー。佐々木さんとイチローがシアトルでチームメートになった、その年のオフに僕はFA宣言しました。佐々木さんが向こうで活躍していたのも刺激になって、メジャー移籍という選択肢も頭にありました。チャンスがあれば、挑戦するだけの価値はあるなと。

それで西海岸のマリナーズ、パドレス、エンゼルスのテストをアリゾナで受けたんです。そのときは、絶対に無理だなとは一切思わなかったです。言葉の壁をよく指摘されるんですが、マウンドに行ってピッチャーとちょっと話をするぐらいなら別に問題ないだろうとも思っていました。

パドレスからの契約はもらえそうだったんですけど、そこまでして行く必要はあるのかなという契約しか取れなかった。プロである以上は、評価というのはある程度、金額に表れるわけですから、そこまでの評価はされていなかった。テストを課されるということ自体、そこまでのレベルに達していなかったと思います。

もう一つ、キャッチャーというポジションで、当時は日本からメジャーへ行った選手なんていなかった。向こうにしたら海のものとも山のものとも分からない選手という感覚もあったと思いますよ。そういう中でチャレンジしたわけですから、いま考えると、いい経験でしたよ。何事も経験してみないとこうして語れないわけですから。

結局、ドラゴンズと契約。プロ野球人生の第2章をスタートさせました。メジャーと契約しなかったことが原動力になったかといえば、そんなことはありません。それはそれ、これはこれ。そこでメジャー・リーグに対する興味というのは一切なくなりましたね。

中日へ移った02年のオフに、みたび日米野球に出場。バリー・ボンズ（ジャイアンツ）が来ていたんですが、彼の通訳がたまたま知っている人間だったので、その人を介して、札幌ドームでのゲーム後に、トリー・ハンター（ツインズ）、ジミー・ロリンズ（フィリーズ）など他の選手も何人か交えて、食事に行きました。みんな明るくてね。
そのころになると、僕ももう32歳が近づいていましたから、対等というか、少なくとも最初に日米野球で抱いた憧れというのはなかった。バリー・ボンズに対しても、相手は年上でしたが等身大以上に大きく見えてしまうこともなかったですね。

21世紀以降、海を渡った人もいれば、僕のように国内を選択した人もいました。どちらが正しくて、どちらが正しくないということは言えないと思います。メジャーに行った人が、行ってよかったと思えればそれが一番。僕は僕で、その後のキャリアを振り返っても後悔は一切ないです。

† 現代の日米野球は国際大会を想定した戦い

いまの日米野球が昔と決定的に違うのは、侍ジャパンという統一したユニフォームでメジャーを迎え撃つということです。いまやWBCもあり、否応なしに訪れる国際試合も想定しながら戦わなければいけない時代になりました。昔はそれほど勝負論が重視されていなかった。お祭り的なビッグイベントのようなものでした。いまは勝たなきゃいけない。

本番に向けた準備という意味合いもあると思います。

ですから昔とはまたちょっと違った日米野球になるんじゃないですか。僕らがかつて感じていた憧れだけではダメだと思います。同じ土俵でメジャーと競い合う位置まで日本の野球も来たということでしょうね。

日米野球といっても、大昔と違ってメジャー選抜はアメリカ人だけじゃない。中南米から数多く来日するなど、人種が多様化しています。WBCで対戦することになる国の選手もいるでしょう。

そういう意味では、出場する日本人選手が対戦を通して各国の選手の傾向を把握して、そこで得られた情報を侍ジャパンの共有財産として、いざ本番を迎えたときに生かしていくことも大事になってくると思います。

2 2006年WBC第1回大会の思い出

†オリンピックとWBCでは1球の重みが全然違う

ここからは個人的な国際大会の経験を書きましょう。僕が出場したのは2004年アテネオリンピック予選と1回目の2006年WBC。同じ国際大会でも、オリンピックとWBCでは1球の重さが全然違いました。予選とはいえ、オリンピックのほうが1球の重みというのがありましたね。日本国民の期待を背負っていましたし、歴史が違う。100年以上の歴史があるオリンピックに対して、WBCは1回目ですよ?

アテネの本戦では、人数の関係で僕は外されました。でも、それほど悔しさは感じなかったですね。むしろ重圧から解放された(笑)。サッカーのワールドカップは日本代表の選考を巡って選手の明暗が分かれますけど、そこは野球の場合、違いますよね。

当時のキャッチャーは2人体制で、メインで出ている選手がほぼマスクをかぶっていましたから、それは当時のチームの戦い方としてしょうがないことです。

WBCは日本が初代王者になったこともあって盛り上がりましたけど、それもアメリカラウンドに行って、ファイナルに進んだから、みんな興味を持ったんですよ。日本での第1ラウンドの段階ではまだ関心が薄かった。野球ファンでさえ、どんなものかな、という感じで見ていたと思います。それがあれよあれよと勝ち進み、奇跡的に準決勝進出。そこからの盛り上がりは凄かったと思うんです。ラグビーワールドカップのようなものです。

† 本場メジャー・リーガーの凄み。上原のフォークに合わせてきた

僕は、アメリカラウンド初戦のアメリカ戦で先発マスクをかぶりました。国際大会の配球は、ある程度のデータは頭に入れていました。その中で、バッターの反応を探りながら考えていくしかないです。

アメリカはデレク・ジーターやケン・グリフィー・ジュニア、アレックス・ロドリゲス

など錚々《そうそう》たるメンバーがスタメンに名を連ねていました。さすがにメジャー・リーガーだと思ったのは、先発した上原浩治のフォークに1打席目は全然合わないんですよ。でも、2打席目になると、そのフォークを見逃してきたり、なんとか合わせようとしてくる。これが3打席目になるととらえてくるんです。やっぱり彼らは凄いです。

日本では打席によって配球のパターンを変えたりするんですけど、国際試合ではそれがなかなかできない。つまり、冒険ができないんです。だから相手が苦手だと思ったボール

第1回WBC時の著者

を続けていく。それに彼らは対応してくる。対応してきたら、そこで配球を変えなきゃいけない。

ですから自らパターンを変えることはしないほうがいいと思います。

国際試合のストライクゾーンは外に広いと一般的に言われますけど、それは確かに少し感じますね。でも、みんなが言うほど広いかというとそこまではないと思いますし、人によりますよ。外を取る人もいれば取らない人もいます。ストライクゾーンは世界共通なんですけど球審によって違う。これは仕方ないです。

WBCでは球数制限もありましたけど、プレーする側はそんなに意識しなかったですね。規定の投球数に達すれば交代。球数を減らして抑えにかかるということはいっさいなかったです。

アメリカ戦では、悪名高き（?）ボブ・デービッドソン審判の「誤審」もありました。3対3の同点で迎えた8回一死満塁から岩村明憲の犠牲フライで三塁走者・西岡剛が生還と思われた矢先、離塁が早かったとされアウトに。あれは問題ない。外野手が捕って2秒くらいしてからスタートしましたからね。まあ、アメリカも勝ちたかったんでしょう（笑）。

3 記憶に残る乱闘事件

†記憶に残る乱闘はアレンとブラッグス

乱闘や暴行は外国人絡みが多いですが、これはひとえにメジャーと日本球界の文化の違いでしょう。

たとえば、元阪神・マートンの殺人的タックルが一時、物議を醸しました。コリジョンルールが導入された一因とも言われていますが、彼らはそういうふうに教育されているからやるだけのことです。一方、日本人が教えられてきたのは、うまく当たれということであって、まともに捕手を吹っ飛ばしてボールを落とさせようなどということは教わってこなかった。スライディングに限らず外国人はハングリーで、勝負を左右する1点とか1本に対する集中力が凄まじい。自分がケガをして試合に出られなくなったらほかの人間にポジションを取られるという厳しい環境でやってきていますから、日本の選手よりも余計にエキサイトするのです。

僕が覚えている乱闘は、2つあります。一つは横浜大洋時代で、1990年6月24日に横浜スタジアムで行われた対広島戦。大洋のピッチャーは大門（和彦）さんで、打者はアレン。体付近にボールを投げたところ、怒ったアレンはマウンドに突進していった。大門さんは逃げました。一塁にはパチョレックがいたので、助けを求めて走っていったらパチョレックはアレンを止めてくれなかった。そこで一塁ベース付近を迂回して二塁ベースのほうに逃げていった。いま考えればベンチに帰ってくればいいと思うのですが、セカンドから最後はレフトの方向まで追いかけられたんです。

挙げ句の果てにアレンと、もう一人ヤングという外国人に挟まれた。これはつかまる！　と思ったら大門さんは2人の間をすり抜けてまた逃げて、最終的にみんなで止めることができたわけです。殴り合いではなかったですが、あの広いグラウンドで展開された大運動会のようでした。

乱闘が一段落すると「危なかったなあ。もしつかまれていたらどうなっていただろう」

という会話が交わされていました。

もう一つは、ブラッグスの乱闘が印象に残っています。94年6月22日のナゴヤ球場で、ブラッグスが打席にいて、ロバート・ローズが二塁走者。中日のピッチャー・与田（剛）さんの投げたボールが体に当たった。ブラッグスは普段は温厚な人間なのですが、その後の与田さんの態度が挑発的だと感じたのか、マウンドに向かって突進。二走のローズも与田さんの背後に躍りかかった。速いな、こいつら！　そう思う間もなくマウンドでもみくちゃになりました。

当時一塁を守っていた大豊（泰昭）さんがブラッグスを止めようと思ったのですが、大型の大豊さんをずるずる引きずるシーンもあった。すごかったです。僕も乱闘の輪に加わったのですが、そのとき大豊さんが「オイ、みんな手伝ってくれー。こいつすげえ力つええ」と言ったのを覚えています。

そういえば、もう一つありました。中日で同僚だったタイロン・ウッズがヤクルト・藤井（秀悟）を殴りましたね。藤井も何を思ったか、自分から挑発しておいて、自分に向かってきてるのに、そのままノーガードでパンチを受けるという猛者でした。逃げればいいのに、と思って見ていました。

†内角攻めを考える打者の対応と投手心理

内角球にデリケートになるという意味では、外国人は特にそういう傾向が強いのではないでしょうか。たとえば、ホームランを打った次の打席で当てられると、やり返されたという意識に駆られるようです。別に外国人だからといって内角の厳しいコースを突くというわけではありません。やはり、長距離砲が助っ人として来ているわけじゃないですか。その長打力を封じるためには、どういう球が必要かというと、当てるとか当てないではなくて、厳しい球になるということです。

内角球に神経質なバッターは日本人の中にもいます。若いときには、あるベテランのバッターが打席に入ってくるなり「オイ、分かってるんだろうな」と言ってきた。そのバッターはインコースを攻められるのが怖かったのです。だからといって打たれるわけにはいきませんので、そうは言われても「ハイ、シュート」みたいな感じです。

内角攻めは投手にも覚悟が求められます。盛田幸妃（元横浜大洋・横浜ベイスターズ、近鉄）はどれだけバッターに当たってもシュート主体のピッチングを崩さなかった。それが自分の生きる道だということを彼は分かっていたのです。逆に気の弱いピッチャーというのはインコースの要求に対して当てるのを怖がって、どうしても低めに投げようとする。そういうピッチャーには、根気よくサインを出し続けて厳しい球が必要だということを分からせるしかありません。

相手の打者に当たった場合、なぜか知らないですけど、次の打席でやり返されるのは、どちらかと言うと捕手でした。僕自身、それでカッとなった経験も何度かあります。バッターというのは、(ボールが)抜けたのか狙ったのかというのを、皮膚感覚で察するのです。狙って投げてきたなと感じたときにはイラッときました。あとは同じピッチャーに2回、3回と立て続けに死球を食らったケース。古田(敦也)さんなども、そういう経験が多かったと思います。僕なんかは別に報復についてはなんとも思っていなかった。やはり戦いですよね。

死球を食らった打者が、投手ではなく、まず捕手のほうに文句を言ってくるケースもあります。

外国人に限らず日本人の打者でも僕より年上の人には、当ててしまったときにはいろいろ言われました。内心、仕方ないだろうと思いながらも、こっちは謝るしかありません。

年下の打者になら「悪かったな」と。そこでこっちが「うるせーよ」と言ったら即乱闘ですよね。

中日の兼任監督時代は僕が退場になれば、監督と捕手を2人一度に失うわけですから、努めて冷静でいるように心がけていました。

僕自身、退場の経験は27年間で一回しかありません。プレーイングマネジャー時代の15年5月2日、DeNA戦。ホーム上のクロスプレーで、僕は完全にアウトだと思ったのですが、審判にセーフと言われた。まだコリジョンの適用前だったので、ビデオ判定もなく、審判がセーフと言えばセーフ。「いやいや、いまのはアウトだろう」とちょっとだけ審判に触れたら退場になってしまいました。どうせ退場になるのなら、もっと審判を小突いておけばよかったって、これは冗談です。

僕が現役時代に仕えた監督には、乱闘でナインを引っ張っていくような指揮官はいませんでした。なんだかんだ言いながら、皆さん冷静でした。星野（仙一）さんの乱闘シーンには定評がありますが、あれは本音と演技を使い分けていたと思います。選手を鼓舞し相手を威嚇するために、わざとやっていた部分もあったでしょう。あれがすべて素だったらちょっと怖いです（笑）。

†WBCの仲間意識は大切だがチームに戻れば敵同士

ここまでいろいろと書いてきましたが、乱闘がいいことだとは思っていません。しかし、やはり戦う姿勢というのはプロ野球にも必要なのではないでしょうか。

そういう意味では、見ているほうが圧倒されてしまう迫力をマウンドで感じさせる投手にどんどん出てきてほしい。昔の黒田（博樹）とか、ダルビッシュ（有）、田中（将大）、大谷（翔平）、則本（昂大）、あとはDeNAの森（唯斗《ゆいと》）のようなタイプです。

よく気持ちが入ったボールという言い方をしますよね。それは実際にあると僕も思います。やはり弱い気持ちで虚勢を張って投げたボールというのはバッターに見透かされてしまいます。逆に、本気で相手を倒してやるという思いを込めて投げたボールというのは少々甘くても相手はミスショットしたりするものです。

田中将大には空振り三振を取られたときに「よっしゃー！」と吠えられたので、「うるせー、コラー！」と叫んだことがあります。勝負ですから、それはそれでいいのです。次は絶対に打ってやろうと。本気と本気のぶつかり合いのほうがやはり、見ているファンを魅了します。そういう勝負が最近の球界では減ってきて、スマートに野球をやろうとし過ぎているきらいはあると思います。

個人的に思うのは、オリンピックやWBCで各チームの主力が一緒に集まる機会が増えたじゃないですか。その結果、どうしても戦う意識が薄れてきた傾向を感じます。仲間意識のほうが強い。全日本で一緒に戦うのは悪いことではありませんが、いざ自分のチームに戻ったら、やはり敵同士であるという意識を持ってほしいです。

自主トレで他球団の選手に技術を教えるケースも増えていますが、それ自体、否定はしません。ただ、それはそれ、試合は試合。切り替えができれば構わないと思いますが、それができないのであればやらないほうがいいと僕は思います。

戦いという意味でいえば、僕らが若かったときのほうがむしろ選手の体からにじみ出る、オーラ、気というものは強かったと思います。僕はそういうものを先輩の背中を通して学んできました。

たとえばミスした選手が壁を叩いたりバットを投げつけたりするのは日常茶飯事。みんなそうして本気の感情を爆発させていました。ローズなんかは開幕してまったく打てない時期に、ベンチの裏で自分のバットを5本ぐらい並べて、「ウェークアップ（目を覚ませ）」

と言って全部、足でへし折っていました（笑）。まあ自分に言い聞かせていたのかもしれませんが、あいつも冷静そうに見えて、やはり熱かったのです。あと、ブラッグスが空振り三振して、自分のふとももでバットを折ったこともありました。ウソだろ！　と思ってみんなロッカーに帰ってマネしようとしても当然、折れるはずがありません。

もちろん、いまの選手たちは選手たちで本気でやっているとは思いますけど、さらにその上の本気度をファンの人は見たいのではないでしょうか。

自分も選手をやっていたので分かるのですが、１４３試合、すべてそのテンションでプレーし続けたら体がもちません。本気度は、優勝がかかり始めたころやクライマックスシリーズ、日本シリーズでＭＡＸになる。見ている人にはレギュラーシーズンとの違いが伝わると思います。何といっても体からにじみ出るオーラが全然違う。本気の上をいく本気の野球というものを1試合でも多く見たいと思います。

いまはそういう時代ではないのかもしれませんが、勝負ということで言うと、やはりやるかやられるか。乱闘がいいとは言いません。ただ、本気でやっていたらそういうことも起こり得るということです。

4 放棄試合になりかけた阪神との天王山

†没収試合なら賠償金発生。監督の一存では決められず

阪神が2年ぶりの優勝に輝いた2005年、ターニングポイントと言われた試合が、9月7日の中日戦（ナゴヤドーム）です。

あの試合は中日が阪神と優勝争いを繰り広げていた中で迎えた天王山でした。

岡田彰布監督が一度は放棄試合も辞さずの覚悟を見せ、マウンドで守護神の久保田智之に「俺が責任を取る」と言ったとされる伝説のゲームです。延長11回表、中村豊にまさかのホームランを打たれたことを覚えています。

伏線としては、本塁上でのクロスプレーがゲーム終盤に2度あって、終盤にどちらも阪

神にとって不利な判定が下されました。

一つは阪神が2対1とリードして迎えた9回表、二死満塁から代打の関本賢太郎がライト前ヒット。三塁走者の今岡誠に続いて二塁走者の中村がホームを突いたのですが、福留孝介の本塁返球でアウトになりました。それが微妙な判定だったため阪神ベンチが一斉に飛び出してきて、審判に抗議を行ったのです。

当時、キャッチャーとして僕はプレーに関わっていたのですが、あれは間違いなくアウトです。判定に関しては、僕はいつも正直に向き合ってきた。ですから、熱くなる阪神陣営を尻目に、「アウトですけど?」と比較的冷静にベンチに戻りました。

結局、阪神の追加点は1点に終わって9回表終了時点でスコアは3対1と2点差に。ところが、9回裏にはさらなる波乱が待っていました。この回からマウンドに上がった久保田がアレックス、森野将彦の連打で無死二、三塁。そこで打席に入ったのは何を隠そう、この僕です。

詰まった当たりは二塁手・藤本敦士の前で跳ねました。アレックスがゴロゴーで本塁に突入すると、藤本が矢野燿大捕手に返球。これまたクロスプレーになりました。判定は、今度はセーフ。最初の抗議ではまだ冷静さを保っていた岡田監督も2度目とあって球審めがけて凄まじいスピードでダッシュ、突き飛ばしそうな勢いで迫りました（平田勝男コーチが、指揮官を退場させまいと岡田監督と球審との間に巧みに割って入っていました）。

最初は中村がセーフと思ったのをアウトとされた。2度目はキャッチャーの矢野さんがアウトだと思っていた判定がセーフ。選手には抗議権がないですから、監督の抗議は選手たちを奮い立たせる意味での指揮官としての仕事だと僕は思います。

岡田監督はナインをベンチに引き揚げさせましたが、ドラゴンズとしても絶対に負けられない一戦。そのまま放棄試合になれば僕らの勝ちですから、どうか出てこないでくださいと、正直言って思っていました。

阪神のベンチでは事態収拾へ球団社長まで出てこられたようですが、社長もしくは代表は必ず試合を見ているわけです。なぜかと言えば、まさにこういう事態に陥ったときに対応しなければいけない責任があるからです。

仮に放棄試合になった場合、お金が発生します。その日の興行収益の全額負担となってしまうので、それは監督の一存では決められません。球団代表なり社長が「わかった。こっちが持つ」と了承すれば、これは没収試合にしているはず。しかし、現実問題としてそういうわけにはいかないのです。

そこで岡田監督は球団社長と冷静に話し合いをした上で試合続行を決定したのでしょう。岡田監督も納得して選手をグラウンドへ送り出したと思います。

では、次に何をやらないといけないかというと、そのゲームを勝ちに行くことです。そうして気持ちを切り替えられたのでしょう。

3対2で試合は続行され、その後、中日は同点に追いつき、なおも一死満塁。阪神にとっては絶体絶命のピンチになりました。そこで岡田監督は指揮官就任後、初めてマウンドに向かい、久保田に「打たれろ。ムチャクチャにしろ。俺が責任を持つ」と指示したとされています。それまでマウンドに来なかった監督がわざわざ足を運んだという現実に、当事者の久保田としては、ここは何がなんでも抑えなければいけないという気持ちになったのだと思います。久保田は後続の打者を真っすぐの連投で2者連続三振に斬って取りました。

結局、延長11回、中村の決勝アーチが飛び出すわけですが、あの時代はビデオ判定もありません。いったん審判が下した判定というのは、どうであっても覆るわけがないのです。ですから岡田監督は本当に怒っていたのかもしれませんが、一方で、僕も監督経験者として思うのは多少なりとも演技があったのではないかということです。つまり、「この試合は絶対に落とせないんだ」という姿勢をナインに示したのではないでしょうか。案の定、その日から阪神は勝ち続けて、中日としては優勝を逃すシーズンになってしまいました。

† 審判との上手な向き合い方。いかに信頼関係を築くか

ここからは審判との上手な〝向き合い方〟について書いてみたいと思います。

納得のできない判定には監督は抗議に行きますが、それはあくまで戦いの中での出来事であって、いざグラウンドから離れれば、遺恨を引きずることはありません。

僕も一度退場経験がありますが、次に顔を合わせれば、きちんとあいさつもしますし、普通に接します。

キャッチャーという職業上、一番審判の方と近くにいるのですが、僕は正直に向き合ってきました。

たとえば、先ほどの中日―阪神戦の球審を務めていたのは橘高淳さんでした。抗議や暴行というケースでしばしば名前の挙がる方という印象をお持ちの方もいるでしょう。別に

おかしいジャッジをする方ではないのですが、僕が横浜時代にはドラゴンズ戦でケガをさ
れたこともありました。

キャッチャーをやっていて、いまのボールは低いなと思ったのですが、橘高さんの判定
はストライク。それが2球、3球と続いたときに当時相手だった中日の選手は文句を言い
始めます。ベンチからは監督が出てくる。選手を守らないといけませんから当然です。そ
こで言い合いに発展。敵チームの僕からすればボール気味の球をストライクと言ってくれ
るのですから、ラッキーなわけです。しかし、そこで僕は「橘高さん、あれはちょっと低
かったかもしれませんね」と、そのときじゃなくても少し時間がたった後に言ったりして
いました。

一方で、僕がストライクだと思っても「ボール！」と言われれば、いやいやいまのは
（ストライクで）行けますよ、というケースもあります。

そういうことの繰り返しによって、選手と審判がお互いに認め合い、いい関係になれる
わけです。ですから僕は自分に得になることばかりを考えず、お互いにうまくいくことを
心掛けて接していました。

その結果、人間同士ですから、どっちとも取れるボールに対して「ストライク」と言っ

てくれたと思えるときがやはりあるんですよ。

もちろん、審判の方の性格は十人十色です。年齢にも左右される。現役晩年には僕より年下の審判もいましたし、二十数年ずっと一緒にやってきた審判の方もいます。そこは自分で見極めて、この人はこういう人だからここまでにとどめておこうとか、この人にはもっと言って接近してもいいかな、この人には付かず離れずの距離感を保ったほうがいいかななど、やはりその人によって接し方は違います。

審判に対して正直であろうと思うようになったのは、やはりレギュラーを取ってからです。キャッチングに関して僕が考えていたのは、どうしたら審判に軌道が見やすくなるのかとか、際どいところをストライクに取ってくれるのかということ。具体的には自分の捕球姿勢やミットを動かさないなどです。行き着くところは味方につけるということです。そのためには、捕手としてのずるいテクニックも必要ですが、やはり人間として正直でないといけません。

逆に審判に対する敵対心を僕が持ったり、向こうが僕に敵対心を持ったりすれば、いい結果につながらないです。

もちろん、人間ですから相性というのはあります。僕にも、この審判が球審では勝てないなと思う人がいました。逆に、連敗中でもきょうは勝てるかもしれないという人もいます。たとえ相性の悪い球審がキャッチャーボックスの後ろに来たときにも「お、来たな～。相性悪いんだよね。でも、きょうはやるよ」とひと声かけるのです。そうすると審判の人も和むじゃないですか。

チーム全体にとっても、たとえばドラゴンズ時代に、その人がどこの塁審に就いても、ドラゴンズに不利なジャッジをする審判がいたんですよ。相性なのか、本当に嫌がられているのか。年下の人間だったので一度正直に「ウチのときにミスが多くね?」と言ったことがあります。「そんなことはないんですけど……」。すると相手も気にするじゃないですか。だからといって、判定に影響を与えることはありませんが、そうした駆け引きも必要になってきます。

いずれにしても、審判とは同じ人間同士。戦うというよりも味方につけるに越したことはありません。

5 甲子園ベスト8の江の川高校

†広島商、広陵ではなく、広島工を受験した理由

僕は広島工業の受験に失敗して、江の川高校（現・石見智翠館）に進みました。受験を前にして、広島工のほかにも広島商、広陵から勧誘されていました。その中で広島工を選んだのは、単純に当時強かったからです。僕が中3だった1985年夏に甲子園出場（86年夏まで3季連続出場）。それを見ていて格好いいなと思ったのと、もう一つ広島商は噂によると、こんなことをしているの？　という練習メニューだった。本当かどうか分からないですけど、精神統一で刀の上に立つと。いやいや足が切れるでしょうと（笑）、自分の理解の範疇を越えていたんです。

郵便はがき

料金受取人払郵便

牛込局承認

9026

差出有効期間
2025年8月19
日まで
切手はいりません

162-8790

東京都新宿区矢来町114番地
神楽坂高橋ビル5F

株式会社ビジネス社

愛読者係 行

ご住所 〒 TEL: ( ) FAX: ( )			
フリガナ お名前		年齢	性別 男・女
ご職業	メールアドレスまたはFAX メールまたはFAXによる新刊案内をご希望の方は、ご記入下さい。		
お買い上げ日・書店名 年 月 日	市区 町村		書店

ご購読ありがとうございました。今後の出版企画の参考に
致したいと存じますので、ぜひご意見をお聞かせください。

書籍名

お買い求めの動機

1　書店で見て　　2　新聞広告（紙名　　　　　　　　　）

3　書評・新刊紹介（掲載紙名　　　　　　　　　）

4　知人・同僚のすすめ　　5　上司、先生のすすめ　　6　その他

本書の装幀（カバー），デザインなどに関するご感想

1　洒落ていた　　2　めだっていた　　3　タイトルがよい

4　まあまあ　　5　よくない　　6　その他(　　　　　　　　　)

本書の定価についてご意見をお聞かせください

1　高い　　2　安い　　3　手ごろ　　4　その他(　　　　　　　　　)

本書についてご意見をお聞かせください

どんな出版をご希望ですか（著者、テーマなど）

もう一校、広陵は僕と同郷（広島県比婆郡＝現・庄原市）で、ずっと野球を一緒にやっていた幼なじみが行くという。なぜか違う環境の中でやりたいなという思いが僕の中で芽生えてきた。普通は中学時代の仲間と同じ高校に進んで頑張ろうと思うところ。僕はひねくれていたのかどうか分からないですけど（笑）、直感的にそう思って断ったんです。

ろくに勉強もしないまま広島工の受験に臨んで不合格、二次募集をしていた江の川に受かりました。広島から見て中国山地の向こう側にある島根県に行くことになったのです。

僕の人生の中で挫折だったんでしょうね。でも、いま考えるとよかったなと思えるんです。人間的に成長できましたし、強くなれたと感じています。あそこで仮に広島工に行っていて、いまの自分があるかと考えたときに、もしかするとなかったかもしれない。逆に考えると運がよかった。

「強くなれた」のは、親元を離れて寮生活をしたことが大きかったと思います。江の川は厳しい環境でした。1年生のときは、自分の時間がほぼありませんでした。その中で、洗濯、掃除、ご飯のよそい方など、いろんなことを教わりました。

普通の高校生なら、休みの日に女の子と遊びたいとか青春を謳歌したいと思うかもしれないですが、そういう気持ちは1～2年生のときにはまったくなかったです。その中で、どこに希望を見いだしていたか。1年生のときに甲子園を目指していたかというと、正直クエスチョンマークですね。いまのこの時間をどう耐えていくか。その積み重ねでした。

僕は運よく1年春の大会からベンチに入れてもらって試合に出場。1年の4月はピッチャーだったんですが、5月の連休中の練習試合で打ち込まれて、キャッチャーに転向しました。

その後、左ヒザに水が溜まって夏の県大会は一塁手として出場。背番号18を着けて五番を打ちました。先輩もいましたけど、1年生の自分が五番でいいのかという感情しかなかったと思います。先輩の足を引っ張らないように、何とか打たなければいけないなどと、そのときそのときで必死にやっていた記憶しかありません。その結果、結構打っていたと思います（県大会で13打数6安打、1本塁打）。

†2年夏に全国レベル痛感。孤立覚悟で練習量アップ

1年夏の県大会は準決勝まで進みましたが、甲子園に出た浜田商に3対4で負けました。

当時の島根県内では、浜田商、大社、松江東、益田東といった高校が強かったんですけど、その年の江の川は優勝候補だったんですよ。夏の大会前に練習試合をしていても、普通にやれば負けないだろうと思っていました。もう一つ、県大会は7月半ばですよね。「これで甲子園に行かなかったら、新チームになって丸々1カ月半、練習かよ」と、1つ

江の川高校時代の著者

上の先輩や同級生と話した記憶があります。準決勝で負けたときに、悔しさもあったんですけど、これは夏の練習が大変だぞと覚悟しました。

それから1年。2年生の夏の県大会を前に、甲子園という目標が明確になってきていました。僕自身、四番を打っていてそれなりに自覚も生まれていた。決勝の川本戦は8対7と危なかったんですけど勝って甲子園出場が決定。うれしかったのと、もう一つは、甲子園でも打てるんじゃないかと、自分のバッティングに関してちょっとした自信がありました。全国舞台の経験が一回もないのに、過信してたんでしょうね。

いざ甲子園に行ってみると、1回戦でY校（横浜商）の古沢直樹というおない年のピッチャーに完封負けです。ボールが速かった。スライダーのキレもよかった。完璧にやられました。全国レベルを痛感させられました。

と同時に、思いました。これは、もっと練習をやらなきゃダメだ、と。1年前の「練習かよ」ではなく、自分に力をつけて、甲子園に出て結果を残したいという意識に変わりました。僕自身、新チームではキャプテンに就任。チーム全体でレベルを上げていかないことには甲子園では勝てない。

必要なのは、個々のレベルアップ。どちらかというと、それまではやらされる練習でした。きつい、嫌だなと……そうではなく目標を持って自分たちで主体的にやっていかないとダメだと思うようになりました。チームの空気としては、きつかったらどこかで手を抜くところも見えたんですけど、キャプテンになった以上、甘えを一掃しようと、強い言葉で練習させるようにしました。同級生と衝突する部分もありましたよ。

でも、仲が悪くなっても、チーム内で孤立しても構わない。それぐらい僕は甲子園で勝ちたかったんです。

秋の県大会で優勝。中国大会の準決勝で負けるまでは勝ち続けていたと思います。

†3年夏の県大会で7本塁打。負ける気がしなかった

さあ、甲子園だという矢先に、第二の挫折が待っていました。3年春のセンバツ出場の選考から漏れたんです。

あれは悔しかったですね。というより、疑問に思いました。いま思うと、大人の事情を初めて突き付けられた感じです。

考えてみてください。中国地方の5県からは4校がセンバツに選ばれるんですが、僕ら

はベスト4に入ったにもかかわらず、甲子園に行けなかった。あり得ない。仮に中国地方の出場枠が3校だったら分かりますよ。でも、4校。これはもう、どんな理由をつけようが理由にならないです。

当時はそんなことは口にできませんでしたが、あれから30年以上が経って、あの選考理由はおかしかったと言いたいです。

当時の江の川は〝外国人部隊〟と称されるほど県外出身者が数多く占めているチームでした。県内の選手は1人しかいません。そのことに対する世間の抵抗感があったと思います。

でも、それなら県外の高校に行くなというルールを高野連が明文化すればいいんですよ。たとえば、県外出身選手が半分以上を占めるチームは、出場できないといった規則。それすらありません。

いまや越境入学も普通じゃないですか。関西から青森、北海道へ行って甲子園を目指している選手もいるんですから。田中将大しかり、坂本勇人、ダルビッシュ有しかり。時代とともに、僕らが感じた風当たりもなくなってきているので、それはそれでいいことだと思います。

話を戻しましょう。センバツ落選を受けて、こうなったら夏は圧倒的な強さで県大会を勝ち進んで甲子園に行こう。僕はすぐに目標を切り替えて、そこからまた練習量が増えました。仲間たちもよっぽど悔しかったみたいで、みんな夏の大会に向けて心をひとつに頑張っていました。

県大会では5試合連続ホームラン、通算7本を打つことができました。これもセンバツ落選の悔しさが原動力になったと思います。負ける気がしなかったです。

甲子園ではベスト8まで進みました。初戦が2回戦でしたので、クジ運もよかった。伊勢工に9対3、天理に6対3。甲子園で優勝という目標は僕にはなかったですけど、とにかくひとつ勝ちたい、1本ヒットを打ちたいと思っていました。前年に打っていなかったので、1本打ちたい、その中で1試合勝ちたかった。伊勢工戦の4打席目にヒットが出たときにはうれしかったですね。

準々決勝で福岡第一には負けたんですけど、ベスト8まで進んだことで島根に帰ってきたときの周りの歓迎ぶり、メディアの取り上げられ方が甲子園に行く前とは全然違う。最終的には悔いなく高校野球生活を終われたなと思っています。

高校卒業後、プロに入って現役生活を27年。高校時代を合わせれば30年になります。その中で、江の川での3年間はどんな日々だったのか。

中学校3年生は子どもじゃないですか。その子どもから大人になるための2回目の土台を作ってくれたと思います。

1回目の土台は故郷、広島。島根はさらに強く成長させてくれた。第二の故郷といえるほど深くは関わっていないですけど、僕を強くしてくれた場所であることに変わりません。島根での3年間がなかったら、全然違う人生になっていたと思います。

6 野球部で鍛えられた3年間

†高校で親元を離れて寮生活。同級生と洗濯機の争奪戦

夏の甲子園が100回記念大会を迎えるときに、始球式をやることになりました。プロのユニフォームを着て甲子園でプレーするのと、高校野球時代の甲子園に戻るというのはまた少し違うじゃないですか。ですから、うれしいです。あの高校時代に戻りたいかと言われればイヤですけど（笑）、これからも野球界で生きていくにあたって、初心に戻れるかなとは思います。

振り返ってみると高校時代の3年間は、自分をさらに強くしてくれた時期だったのかなと思っています。

いまの自分があるのは江の川高校での3年間があったからだといっても過言ではありません。何といっても寮生活を経験したことが大きいかな。仮に違う学校に行って、寮ではなくて下宿とか、家から通える学校で3年間を過ごしていたら、どうなっていたか。

前にも話しましたが、僕は、地元の広島工業へ進学するつもりだったんです。ところが、受験に失敗してしまいました。

その学校の監督さんには「試験だけ受けに来てくれるだけでいいから」と言われていたので、試験勉強も何もしなかった。中学生がそう言われたら真に受けてしまいますよ。当時は「谷繁は自分の字も書けない」という噂もあったようですが、幼稚園児じゃあるまいし自分の名前くらいは書きましたよ（笑）。

とにもかくにも広島工業の監督さんが紹介してくれた江の川の二次募集を受けて合格。運命というのは、どこで開かれるか分かりません。

高校入学と同時に親元を離れたことで、最初は、洗濯を毎日するのがこんなに大変なことだとは思いませんでした。ましてや、当時はいまのようにボタン一つ押せば済む全自動ではなく、洗濯と脱水の二槽に分かれてたじゃないですか。

練習が終わったらダッシュで洗濯機へ向かう。台数に限りがあったからです。選手は一学年20人弱いたのですが、それに対して洗濯機は10台なかった。ましてや先輩の分もある。ですから最初の順番を取れなかったときには寝る時間がそれだけ遅れてしまう。もう必死でした（笑）。

同級生とは、洗濯機の奪い合いです。俺が最初に洗濯物を置いただろう、と。中には性格の悪いヤツがいて、洗濯槽の中でグルグル回っている他人の洗濯物をわざわざ出して、自分の物を先に洗いますからね（笑）。そこでケンカですよ。

でも、僕の場合、無謀な戦いには打って出ません。当時の江の川は僕も含めて県外組が多かったのですが、最初は自分を押し殺しながら相手をじっくりと観察、徐々に自分のペースに持っていきました。まあケンカもしながら同級生とは打ち解けていきましたね。

† 先輩に殴られ監督からビンタ。でも、恨むことはしなかった

先輩後輩の上下関係は厳しかったですね。1年の春には、当時3年生の副キャプテンに殴られて、唇を7針ぐらい縫ったことがあった。殴られた理由というのが、1年生が3年生に集合をかけられて整列するんですが、直立不動で〝気をつけ〟の姿勢を取ったときの

僕の指がほんの少し曲がっていただけなんですよ。そのときに「なんだ、その指は！」と問答無用です。

その人はキャッチャーでした。僕に対するジェラシー？　本心は分からないですけど、甘んじて受けるしかありません。高校時代の3年―1年の関係というのは、かなり体力の差があるんです。逆らうどころではありません。絶対服従です。

でも、それを根に持っているわけでもなんでもないですし、青春時代のいい思い出の1ページでしかありません。

木村（賢二）監督も厳しかったですよ。当時はまだ30歳ぐらいで、僕らが入学する少し前には選手と一緒に走って汗を流していたというほどエネルギッシュな先生でした。

一番覚えているのは、監督に子どもが産まれたということで、正月明けの練習初日に来なかったんですよ。2日目に僕らが練習をやっていたときに顔を見せたんですけど、キャプテンだった僕と副キャプテンの2人が一塁のコーチャーズボックス付近に呼ばれて、「なんでこんなにダラダラやってるんだ！　もっと気合入れろ」と一喝された。アントニオ猪木さんばりの闘魂ビンタですよ。一発張られるたびに僕らが後ずさりするので、結局3人でセンターまで平行移動（笑）。

2年生のときには、こんなこともありました。僕の1つ上の先輩がシートノックの最中に、2球連続バックホームで暴投してしまった。そしたら監督が突然キレて「ちょっと来い!」と。監督に呼ばれたら「はい!」とダッシュするしかない。その先輩はセンターから走ってきた。そしたら監督もマウンドめがけてやおら駆け出した。何するんだと思ったら、カウンターの飛び蹴り!(笑) マウンド上で! あれにはビックリしましたよ。あとから先輩の腹のあたりを見たら足跡がついていました。

でも、ここでも僕らは監督を恨む気持ちはなかった。笑い話として振り返ることができます。それはなぜかというと、やっぱり僕らを強くしようとしてくれているんだという監督の本気度・愛情・覚悟を感じ取れたからだと思うんです。

†厳しい上下関係でも道外れず一線守らせた父親の言葉

いま体育会系の指導がとかく問題視されていますよね。もちろん、暴力、体罰は言語道断だと思います。そういう手段に頼る指導者は、単にストレス発散のはけ口を選手に求めているに過ぎません。

逆に、不祥事を未然に防ぐためには言うことを聞かない選手は辞めさせればいいじゃないか、という外野の声もなかにはあるでしょう。でも、人間と向き合うというのはそんなに簡単なものではありません。

じゃあ、相手のその後の人生はどうなるのでしょうか。野球に限らずサッカーでも柔道でもいいですが、ちょっと態度が生意気な選手でもすごい才能の持ち主かもしれないじゃないですか。にもかかわらず、指導者の手に余るという理由だけで部活動を辞めさせ、その才能を潰してしまう。そんな無責任なことはありません。

確かにいまは〝指導者受難〟の時代だと思います。ちょっと厳しくされた側が即刻、親や学校にご注進。ＳＮＳで火事が延焼するように瞬く間に拡散され、マスコミを通じて世の中に広がってしまう。

そこで大切なのは愛情だと僕は思っています。指導者というのは、自分の個人的な気持ちなど棚に上げてでも、まずは選手のことを第一に考えるべきじゃないですか。もちろん、人を育てることは一朝一夕にいくものではありません。指導者もそれ相応の我慢をする必要があると思います。その我慢の2文字を、僕は高校3年間を通して学びましたね。

人間の強さにも、いろいろな種類があると思うんです。たとえば、自分の強さを外に向かってアピールしたがるタイプも中にはいるでしょう。でも、本当の強さというのはそんなことではない。耐える強さだと僕は思います。

自分で言うのもなんですが、僕は受験に失敗しようが厳しい上下関係に置かれようが、何事もポジティブにとらえることができました。

ウチは父親が厳しかったんです。叩かれたことはありませんが、忘れられないのは「人に後ろ指を差されるようなことだけはするなよ」という言葉。僕も人並みにヤンチャはしていましたけど（苦笑）、最後の一線を踏みとどまって間違った方向に進まなかったのは、その父親のひと言があったからだと、いまでも感謝しています。

なんやかんやあって2年生の途中にレギュラーになってからは目標に向かって進んでいきました。当然、甲子園出場。3年夏の大会ぐらいからはプロ注目という形で騒がれ始めたので、プロ野球選手に対する意識も芽生えてきました。そしてプロ入り。プロでも高校3年間を耐えた強さが生かされたのは間違いありません。

まとめに入りますが、その日その日はつらくても、後々のことを長期的に考えたら、いつか必ず花を咲かせる日が来ると信じてやらないと、その3年はできないと思うんです。

ですから、いまの高校球児にも、途中であきらめることなく、最後まで目標に向かって突き進んでほしい。

それは甲子園出場という目標でなくてもいいと思います。たとえば、「この球場が好きだ」と、憧れの球場でプレーすることをモチベーションにしてもいい。そこで試合をして、結果はともかくとして、自分の力を出し切った。それだけでもいいと思うんです。

それぞれの「なりたい自分」になるために、必死でやってほしいですね。ガンバレ高校球児たち！

7 中日ドラゴンズ

†星野監督と入れ違いで移籍。闘将の残り香がそこに……

僕が中日ドラゴンズに移籍した2002年、前年まで指揮を執っていた星野仙一監督が阪神の監督に就任、ちょうど入れ違いになりました。

星野さんがそこにいなくても、当時のドラゴンズには星野さんの残り香のようなものはやっぱり漂っていました。第1期政権と合わせて通算11年にわたってチームを指揮。ドラゴンズイコール星野さんと言っても過言ではないほど絶大な存在感があったわけですから、どこかで影響力というのは残っていたと思います。

星野さんといえば、現役時代からジャイアンツを倒すことをライフワークにしていたような人でした。当時のジャイアンツというのはプロ野球を常に引っ張っていたチームですし、常勝チャンピオン。ドラゴンズは歴史上、打倒巨人の伝統が脈々と受け継がれていると言われます。それは横浜から移籍したときにも感じました。ドラゴンズ全体がジャイアンツを意識していた気がします。

チームが全体的に負け越していても、ジャイアンツに勝ち越していればＯＫという風潮もあったような気がします。

いまは時代的にジャイアンツとその他大勢という勢力図ではなくなってきているじゃないですか。それでもやっぱり、ジャイアンツなんです。ジャイアンツを倒さないと優勝には近づけないということは言えると思うんですよね。

球団によって色の違いというのはあると思いますが、僕が横浜時代にドラゴンズに対して抱いていた印象は、正直いって明るくはない、と。一方、僕らは明るいという表現が適切かどうかは分かりませんが、賑やかな雰囲気のチームだったので、それとは全然違う。何か不気味な雰囲気を醸し出していました。具体的にいうと、選手が何か違うものを常に意識しながらプレーしている印象で、素の自分を出しきれていないチーム、そこに不気味さを感じていたんです。

こうして書けば皆さんは理解できると思うのですが、結局星野さんというのはドラゴンズにとってカリスマじゃないですか。逆にいえば、チーム内の統率が取れていたということ。それだけの厳しさ、怖さもあったのでしょう。

ドラゴンズと横浜との間には乱闘事件も起こりました。あれは、94年6月22日、ナゴヤ

中日ドラゴンズ時代の著者

球場でした。ドラゴンズのピッチャーが与田（剛）さんで、ブラッグスにボールをぶつけた。ブラッグスからすれば、与田さんが挑発的な態度を取ったということで、マウンドに突進。それより早くセカンドランナーだったロバート・ローズが与田さんの背後に飛びかかった。あっという間にマウンドでもみくちゃになりました。

一塁を守っていた大豊（泰昭）さんがブラッグスを止めようとしたのですが、力のある大豊さんがずるずる引きずられるほどブラッグスは制御不能。思わず大豊さんは「オイ、みんななんとかしてくれ」と叫んだのを覚えています。

†ナゴヤ球場の思い出は暑さ。クタクタになったイメージ

さて、ナゴヤ球場の思い出をひとことで言えば、暑さ。名古屋の夏の暑さというのは尋常じゃないですよ。

かつてナゴヤ球場の室内練習場は本球場から少し離れたドラゴンズの寮の横にあったんです。これがまた暑いんですよ。当時の僕はまだ若手ですから、名古屋遠征があれば、午前中に室内練習場へ打ち込みに行っていました。汗だくになってから、いったん宿舎に戻

って ご飯を食べると、休憩の後でミーティングを経て球場入り。今度はナゴヤ球場で、汗でびしょびしょになるくらい練習、その上で試合に入っていくわけです。消耗度は生半可ではありません。

ですから名古屋遠征はクタクタになったイメージしかないですね（苦笑）。まあ若い頃は、遠征はどこに行っても同じようなスケジュールでしたから逆にホームゲームのほうが楽なくらいでした。

暑さの影響があったわけではないでしょうが、ナゴヤ球場で僕はあまり打ってないんじゃないですか。ナゴヤ球場最終年となった1996年は僕が初めて3割を打った年ですが、ナゴヤ球場での成績を調べてみると34打数7安打、打率・206。どういうヒットを打ったという記憶もほとんどないんです。

ファンの熱気というのはすごかったですね。グラウンドとスタンドの距離が近かったですし、球場自体そんなに大きくない。特徴的なのは声や音が外に拡散していかないで、中へ中へと向かってくるんです。ファンのヤジもよく通りましたし、ライトスタンドの応援もすごく近くに感じました。

広島市民球場も同じように狭かったんですけど、音の反響という点では、ナゴヤ球場のほうが大きかったように思います。球場の周りの住宅環境も関係しているんでしょうね。ナゴヤ球場の近辺はマンションなど建物が比較的多いので、音がグラウンド内に跳ね返ってくるんです。市民球場は外野スタンドの向こう側に建物がないので、音が抜けていく。その違いかもしれないですね。

そうした中で名古屋のファンは、どちらかというと一生懸命ドラゴンズを応援していた印象があります。甲子園も阪神の選手を応援するんですけど、敵味方関係なしにヤジが多かった。広島も一緒。ナゴヤ球場では少なくとも僕はヤジを飛ばされた記憶はないですね。物が飛んできた記憶もないですし、ドラゴンズを熱心に応援している感じでしたね。

8

98年横浜日本一の盛り上がり

《対談》佐々木主浩

佐々木主浩（ささき・かづひろ）
宮城県生まれ。東北高、東北福祉大を経て、1989年ドラフト1位で90年に横浜大洋ホエールズに入団。91年からリリーフとして活躍。95年から4年連続リーグ最多セーブを記録。98年には抑えとして45セーブをあげ、チームを38年ぶりの日本一に導き、MVPにも選出された。2000年にシアトル・マリナーズに移籍し、37セーブで新人王を獲得。〝大魔神〟と呼ばれ、フォークボールを武器に日米通算381セーブをあげた。

† つらくてきつい練習をしてきた仲間

谷繁　まず最初に、1998年の横浜ベイスターズ優勝を振り返ってみたいです。佐々木さんは年齢的には僕の3つ上。プロ野球って、年齢が上の人が先輩だけど、プロになったのは僕が1年先、プロとしては僕が先輩なんですよ。

佐々木　プロとしてはね。

谷繁　佐々木さんが入団した90年、まだ球団名は大洋ホエールズでしたが、どんな印象でした？　当時は、正直、弱くなかったですか？

佐々木　恐ろしいチームに入ったなと思った（笑）。

谷繁　佐々木さんは大学を卒業してからの入団だったから、そういう感覚だったんです。僕は、入団して最初の数年間は、別に弱くてもなんとも思わなかったです。

佐々木　俺は、高校も大学もある程度強いチームにいたから、大洋に入って、「プロってこんなレベルなの」と思った。まあ、俺もあの頃生意気だったから。

谷繁　1年目からポルシェに乗っていた（笑）。

佐々木　いろいろ言われたけど、自分の金で買ったんだから。俺は、事故にあった時に危ない国産車じゃなくて、丈夫な外車に乗りたいタイプ。体が資本だから。

谷繁　それが先輩から見ると生意気だったんですね。でも、僕とか佐々木さん世代の選手たちで、どんどん強くなっていったじゃないですか。

佐々木　当時、すごい量の練習をやらされていた。あれが、たぶんみんなの自信になったと思う。

谷繁　そうですね。あの頃、クリスマスに山形でキャンプをしていましたよね。
佐々木　そこでの練習量が半端じゃなかった。それが逆に良かったなと思っているな。つらくて、きつい練習を仲間と一緒にしてきた。それが結果につながった。
谷繁　そう。野手は野手で、ポジションは違っても、みんなライバル心があった。キャン

横浜時代の佐々木投手

プでも、全体練習が終わると個別練習があるじゃないですか。室内でバッティングを始めると、終わらないいんですよ。「あいつがやっているんだったら、まだ俺もやらなきゃ」みたいな。そんな雰囲気でした。

佐々木　夜の練習でも、バッティングケージが全然空かないと言っていたよな。それぐらい練習してた。

谷繁　そういうメンバーで、やっとまともに戦えるようになった。そして優勝した前の年、97年に僕はFA権を取ったんですよ。そのとき、佐々木さんから、「絶対残れよ」と言われた。僕は残るつもりだったんで、「わかりました。大丈夫です」と伝えて、残った。おかげで98年に優勝できたので良かったと思っています。

†大事な試合、平常心ではいられなかった

谷繁　それにしても98年の佐々木さんは、無双でしたね。1回しか負けてないんだから。大阪ドームで、忘れもしない阪神の矢野燿大選手との対戦。東北福祉大の後輩にセンターオーバーのヒットを打たれてサヨナラ負け。

横浜時代の著者

佐々木　この間、矢野君に会って、その話をしたんだけど、「あのヒットのおかげで、僕は阪神の一員になれたんですよ。中日から阪神に移籍した最初の年、初めて活躍できたのがあの試合だったんです」って。

谷繁　そうだったんですね。あの日の夜はずいぶん飲んだから、翌日もちょっと酒臭かった。球場に着くと、佐々木さんはいつものようにトレーナー室で寝ながらマッサージを受けていて、今日は大丈夫かなと思ったら、前の日と全く同じシチュエーションになった。1対0でリードしていた9回に佐々木さんが登板。1アウト二塁で、矢野選手に打席が回ってきた。

佐々木　そして、矢野選手の打球を、進藤達哉選手がダイビングキャッチし、アウトにしてくれて助かった。

谷繁　あの年はみんなで優勝を目指して戦っていたから、絶対に負けられない大事な試合がありましたよね。抑え投手としてマウンドに上がった佐々木さんは、相当なプレッシャーと戦っているんだろうなって。もちろん僕も緊張しているし、そんな時、どうすればいつも通りにやれるかを考えながらプレーしていました。

佐々木　98年の最後のドラゴンズ戦。直接対決だった。2戦とも勝ったなあ。ここが大事なとこだっていう試合には負けなかった。

谷繁　それから、セ・リーグ優勝が決まった10月8日、甲子園での阪神戦。あれも、佐々木さんは8回から回またぎで投げたじゃないですか。結構きつかったでしょう？

佐々木　いや、体力的にはきつくなかったよ。ただ、9回ツーアウトで新庄剛志選手を2ストライクに追い込んだ時、足がガタガタ震えてきて。でも、「あと1球投げればいいんだ」と思ったら、妙に気持ちが落ち着いた。

谷繁　ああいう大切な試合では、平常心ではいられないですよね。いられないいんだけれども、「平常心のように見せる」ことを考えてやっていました。胸はドキドキしているし、頭の中ではいろいろなことが駆け巡っている。でも僕は、それを周りからは、わからないようにしようとしていました。

佐々木　俺はじつは、守備以外でも進藤選手に助けられていたんだよ。プレー中、内野手で話しかけてくるのは彼だけだった。たまにマウンドに来て、ぽろっと何か言ってくれると、ほっとする。同じ内野手でも石井琢朗選手はそういうタイプじゃなかった。

谷繁　そうですね。ボビー・ローズ選手も来ないでしょうしね。

†リリーフ投手が1117イニングも投げていた

谷繁　ところで、98年はリーグ優勝だけではなくて、日本一にもなりました。

佐々木　もうぼろぼろよ、体が。さらに、リーグ優勝の後のビールかけで体を冷やしすぎて、風邪をひいた。ビールかけに使われたビールが、キンキンに冷えていたから……。

谷繁　ベイスターズになって、初めての優勝ですからね。ビールかけの時、常温のビールも用意されていたけれど、数が足らなかった。で、途中から冷えたビールが使われて。

佐々木　ほんと寒かった。そして、ほとんど体調が戻らないうちに、日本シリーズが終わった感じだった。日本シリーズの初戦、熱を測ると38度3分くらいあったので、解熱剤を飲むほどだった。点差があったから、まさか今日は投げないだろうと思っていたんだけど、権藤監督に「8回途中で行くぞ」と言われて、勘弁してほしいと思ったね。

日本一になり胴上げされる権藤監督

谷繁　権藤監督としては、日本シリーズでもリミッターを外しておきたかったんでしょう。ところであの年、シーズン中は、いつからリミッターを外したんでしたっけ？

佐々木　残り20試合ぐらいから。実は、俺は「いつでも行く」って言ってたんだよ。抑え投手だから当然のこと。最近の抑え投手は1イニングしか投げないよな。でも、8回のピンチの時、「ここは抑えないと止まらない」という時がある。そういう時は、「抑え投手は行かなきゃならない」と、今でも俺は思っている。最近の試合を見ていると、8回での逆転が多い。「ここは行かなきゃダメだ」って時は、やはり抑えに行かないと。抑え投手は、それだけの責任を背負ってるんだから。

谷繁　そういえば、佐々木さんが抑えになった頃は、まだセーブポイント[*1]がありましたよね。

佐々木　当時は、抑え投手が同点で登板することを普通にやっていたからね。[*2]それに、当時は延長が15回まであったから。あの頃、俺と盛田幸妃投手がリリーフで、7回から3イニングを2人でやっていた。で、もしも延長に入ったらそのまま投げる。

谷繁　そう考えると、よく投げていましたね。

佐々木　だって投げるしかないでしょう。入団2年目の91年には117イニング投げた。

全部で130試合しかないのに……。先発は1試合だけで、残りは全部リリーフ。それで117イニング。

谷繁　リリーフで100イニング越える時代があったんですか。今ならあり得ない。

佐々木　あと13イニング投げれば既定投球回数を超えるので、防御率の記録が狙えた。あの年のセリーグの最優秀防御率は広島の佐々岡真司投手で2・44だったけど、俺は最終的に2・0だったからね。

だから、「あと13イニングなので、先発させてください」と頼んだ。チームの順位はすでに決まっていたから。結局ダメだったけど……。その後、肘の手術をしたわけだけど、あれだけ無理すれば当然だよな。

谷繁　そうした積み重ねがあって、98年はみんなで日本一を勝ち取った。ほんとに嬉しかったですね。

佐々木　ずっと一緒にやってきたチームだから、嬉しかったな。

＊1　セーブ数と救援勝利数を合計したもの。

＊2　同点で登板して無失点に抑えてもセーブはつかないが、その後味方が勝ち越せば救援勝利がつく。つまり、セーブ数だけではリリーフ投手の貢献が正当に評価されない。そこで、セーブ数

と救援勝利数を合計した「セーブポイント」が作られた。しかし90年代後半になると、チームが勝っている時に抑えが登板することが一般的になった。そのため、リードを守れず同点または逆転を許した後、味方の援護があると救援勝利がつく。つまりチームに貢献していないのにセーブポイントが増えるという事情もあり、２００５年に「最多セーブポイント賞」は廃止された。

†ひとつにまとまり、戦っていたわけじゃない

谷繁　「チームがひとつにまとまることで勝てた」という言い方があるじゃないですか。でも、あの時代、うちのチームにはそういうことはなかった。みんなで話をして、「こうしよう！」みたいなものがなかったですよね。

佐々木　ないない。ただ純粋に「優勝したい」と思っているだけ。97年は2位に終わって悔しい思いをしたので、98年は絶対優勝する。その目標だけでまとまっていたな。

谷繁　普段はバラバラで、みんなで飯を食いに行こうか、というのはなかった。ピッチャー同士、または野手同士、少人数で行くことはあったけど、全体で集まって「頑張ろうぜ」みたいなことは、まずない。練習も、自分がやらなきゃいけないことを黙々とやっ

て、ゲームが始まる数分前に、パッとスイッチが入る。そんな感じでした。

佐々木　そして、権藤監督は、たまにしかサインを出さなかった。その代わり選手が、この場面はこういうバッティングをしなきゃいけないと考え、勝手にやっていた。

谷繁　勝つためにどうするか。ゲームを読み、ここで自分は何をしなきゃいけないか。状況に応じて考え、プレーできる選手が多かった。

佐々木　3番バッターだろうが、4番バッターだろうが、チームバッティングに徹するところがあったし。

谷繁　そうですね。ローズ選手だってバントをした。右打ちもやっていました。

佐々木　そう。マシンガン打線と言われていたけど、全然違う。ピッチャーも、「この場面に誰が行く」となると、すぐにパッと行った。権藤監督が、そういう雰囲気を作ってくれた。

谷繁　僕が一番覚えているのは、先発した斎藤隆投手の出来事です。8回の守備が終わって僕は「9回もいけるな。このまま完封するだろう」と思っていたんですよ。ところが、ベンチの中を見たら斎藤投手がいない。ツーアウトになった時、ハアハア言いながらベンチに戻ってきて、その後佐々木さんに変わった。あのとき、斎藤投手は自分でブルペンに行ったんですよね。

佐々木　そうそう。ブルペンまで来て、「佐々木さん準備してますか？」って聞くから、「何言ってんだ、この野郎！」と言ってやった（笑）。

谷繁　斎藤投手は佐々木さんの大学の後輩ですからね。それにしても、先発ピッチャーがわざわざブルペンまで行って、リリーフを頼むなんて初めて聞きました。

佐々木　8回終わったところで、3対0で勝っていた。リリーフした俺は楽だったけど、3点差あったからね。

谷繁　僕は、まだ斎藤投手に余力があると思っていたから、「おいおい、楽な道に走るなよ」と思った。

佐々木　あの時代の先発は、野村弘樹投手もそうだけど、多い時には150球以上投げていた。だから、本当にびっくりしたよ。「お前は完投したくないの？」って。

†野村弘樹、斎藤隆、ワガママだったピッチャーたち

谷繁　たしか、96年ぐらいから、僕もやっと佐々木さんの投球を全部受けられるようにな

って。それから、ほぼ僕のサイン通りに投げてもらっていた。9回に佐々木さんがマウンドに来るじゃないですか。僕は、佐々木さんの顔色や表情を見て「どんな感じかな」と判断して、一言ぐらいしか言わなかった。

佐々木　俺も「任せたよ」とかね。そのぐらいだよね。谷繁選手（シゲ）にリードを任せていたから、俺は投げるだけで良かった。そういう意味では安心だよね。そこにシゲがいるだけで、プレッシャーがかかる場面でも、「いつもの場面だ」という安心感があった。

谷繁　そうやって、ほとんど任せてもらえたから、僕も成長できたと思います。僕は、佐々木さんが投げた時の対戦相手のバッターの様子が面白かったです。マスク越しに相手のバッターを見ていて、「こいつ、すごくフォークを意識しているだろうな」という時にストレートのサインを出すと、間違いなく見逃す。あれが面白くて。

佐々木　松井秀喜選手は分かりやすかったよな。あれほど頑固なバッターはいないと思う。もうフォークを狙ったら。ずっと待っていた。ストレートが来ても、見向きもしない。さすがにツーストライクになると、ストレートが来たら、「しょうがない」って感じで振るけれど。すごく頑固なバッターだった。

谷繁　そういう反応を、マスク越しに見るのが面白かったですね。わかりづらいバッターもいましたけれど、ほとんどの選手は、フォークを意識していたらストレートは打てない。佐々木さんはコントロールが良かったので、見逃しの三振を取れたんです。

佐々木　そんなシゲによく怒られたのは、一塁ランナーがいる時。「けん制もしないで簡単に走らせたら、盗塁阻止率が落ちる」って言われた（笑）。

谷繁　だって、盗塁阻止率が良ければインセンティブが上がるから（笑）。いただけるものは、1円でも多くいただきたいでしょう。

佐々木　当時、俺は「ランナーを二塁に行かしてもいい」と言っていた。抑える自信があったから。シゲには悪かったな。

谷繁　この時代のピッチャーは、僕が全然力のない時から一緒にやってきたメンバーだったので、みんなワガママなんですよ。野村投手とかね、ほんとにクイックで投げるのが下手くそで。野村投手に「いい加減、クイックで投げてもらっていいですか」って言ったら、「お前が、盗塁を刺せばいいだろう」って。また、斎藤投手は、ストレートのサインを出しても、平気でスライダーを投げてきて……。

佐々木　それは誤解だよ（笑）。

谷繁　また、佐々木さんと一緒に抑えを支えていた盛田投手。ただ優勝した年には、盛田投手は中根仁選手との交換トレードで、近鉄に移籍していました。

佐々木 これについては、ちょっとした事件があったな。

谷繁 えっ、それは知らないです。

佐々木 97年のオフに、バッテリー会をしている時に、球団から盛田投手にトレードの連絡が入った。それを聞いて、「俺が止めてやる!」と思って、権藤監督に電話したんだよ。

谷繁 トレードは阻止できなかったんですか?

佐々木 すでに決まった後だったから。残念だったけど。

谷繁 それにしても、98年に優勝した時のメンバーは、僕らの世代が多かったですね。

佐々木 みんな個性が強かった。現在のDeNAベイスターズの三浦大輔監督なんて、最初に会った時「どうしたんだ、その眉毛!」って(笑)。シゲの眉毛もひどかったけど。

谷繁 やっぱり田舎者なので……。田舎から都会に出てきて、弱く見られたくないんですよ。で、眉毛をビシッと剃っていた。やんちゃな時代でした。本当にいい思い出です。

† 手術は得意! これまで8回も手術を受けてきた

谷繁　ここからは、「98年日本一」の後の時代の話を伺います。佐々木さんは何年にメジャーに行ったんでしたっけ？

佐々木　2000年から。

谷繁　そうでしたね。1999年のオフに、FA権を使ってメジャーに行った。97年には僕に対して「お前は残れよ」と言ったのに、自分は行くんだと思った（笑）。

佐々木　優勝したからいいでしょうが（笑）。球団からも「優勝したから認める」って言われたから。

谷繁　当時は、どんな思いだったんですか？

佐々木　FA権を使って、国内のチームに移籍したらまずいだろうと思っていた。それにメジャーに行きたかったし、31歳だったから挑戦をしてみるか、という感じだった。

谷繁　最終的にシアトル・マリナーズと契約したじゃないですか。じつは他の球団も検討したんですか？

佐々木　最初は、アリゾナ・ダイヤモンドバックスに行きたかった。実は、球団ができたばかりだったダイヤモンドバックスに決まりかけたんだけど、マリナーズからオファーが来て、悩んだ末、マリナーズの方がいいという決断をした。

谷繁　その時、ダイヤモンドバックスは設立何年目だったんですか？

佐々木　98年設立なので3年目。当時はマット・マンタイという抑えピッチャーがいたんだけど、正直「こいつにはかなわないな」と思っていた。もし入団したら、マンタイと戦わなきゃいけない。もっとも、マリナーズにも抑えのホセ・メサがいたから、「メサと戦わんといかん」とも思っていた。

谷繁　不安はなかったんでしょう？

佐々木　ありましたよ。今の選手みたいな自信はなかったな。「俺にはできます」という感じじゃなかった。

谷繁　たしか佐々木さんは99年に肘の手術をしているので、それも影響したんじゃないですか？　99年の手術は、何回目だったんですか？

佐々木　3回目かな。

谷繁　でも、手術する度に強くなる印象です。そして肘だけじゃなく、腰の手術もしているでしょう。現役中、全部で何回手術したんですか？

佐々木　8回。あと2回やれば10回。そうしたらパーティーを開くからな。シゲの殿堂パーティーと一緒に（笑）。

谷繁　いいじゃないですか。手術の殿堂入りね（笑）。

†アメリカでわかった日本のキャッチャーのすごさ

佐々木　ところで、シゲは2001年にFA権を取ったよな。

谷繁　そこで、メジャーに行こうとしたんですよ。その節は、いろいろお世話になりました。結局、僕は行かなくて良かったなと思っているんですけど。でも行ったら、違うものが見えていたかもしれないですね。日本のキャッチャーと、アメリカのキャッチャーに違いはありましたか？

佐々木　向こうのキャッチャーは、キャッチングが下手だよ。

谷繁　日本では、僕が受けていたからじゃないですか？（笑）

佐々木　いやいや（笑）、たぶん、ブルペンキャッチャーの片平保彦選手が一番うまかった。すごくいい音でミットを鳴らしてくれる。向こうは「パスッ」という感じで、もう捕るだけだったな。でも、チームメイトのダン・ウィルソンは、ボールを止めるのがうまかった。

谷繁　ワンバウンドを？

佐々木　そう。止めるのがうまかったので、ランナーがいても思い切りフォークボールを投げられた。シゲも同じだったけどな。

谷繁　ありがとうございます（笑）。向こうのキャッチャーは、サインをどんな感じで出すんですか？

佐々木　サインの出し方は日本と同じ。

谷繁　基本はキャッチャーが出す？　それともベンチから？

佐々木　キャッチャーのサインに俺が首を振るとする。その時、もう1回同じサインが出ることがある。それは「ベンチから出ているな」と思っていた。まあ、そんなに回数が多いわけじゃないけど。

谷繁　では、僕が思っているほど、ベンチから出ていないということですね。僕は、MLBのテレビ中継を見て、「ベンチから出ることの方が多いのかな」と思っていたんです。キャッチャーが、やたらベンチを見るじゃないですか。その都度、サインが出ているのではと考えていました。

佐々木　チームによって違う可能性はある。自分がいたチームでは、それほど出ていなかったけどね。

谷繁　もう一つ、向こうのキャッチャーは、日本のキャッチャーみたいに、試合の前にいろいろなチャートを見るんですか？

佐々木　見る見る。最近のテレビ中継でよく画面に出るパワーゾーン（コースごとの打率などのデータを視覚化したもの）。あれは、俺がアメリカにいた時からあった。印刷された紙がブルペンにも置いてある。向こうに行く前は、「アメリカでは適当にやっているのかな」と思ったけど、データの整備は向こうの方が速い。

谷繁　僕も聞いたことがあるんですが、ものすごい資料室があるとか。

佐々木　ベンチの裏側にビデオ室がある。小さなテレビ局ぐらいの設備だね。バッターは打席を終わったらそこに行って、自分のバッティングをチェックする。向こうの方が進んでいて、日本はちょっと遅れているのかもしれない。

谷繁　球場のトレーナー室も広い？

佐々木　広い、広い。ウエイトゾーンもやたら広いし。リハビリ用のプールもあって、試合が終わったら入る。ちゃんと泳げるぐらいの大きさだよ。

谷繁　日本でも、これから作る球場では、そういう施設をもっと整備してくれればいいですね。

佐々木　例えば、アメリカには医者が球場に必ずいるし、レントゲン室もある。ケガをしたらすぐにレントゲンを撮って、医者がいるのでその場で診断してもらえる。俺が行っていた時の話だから、今はもっとすごいかもしれないよ。

谷繁　これでは、日本のプロ野球選手はアメリカでプレーしたくなるなあ。

佐々木　俺はずっと言ってるんだけど、日本の球場にも選手の子供向けのキッズルームを設けた方がいい。

谷繁　向こうの球場には必ずあるの？

佐々木　あるある。選手の奥さんたちは観客席でゲームを見て、その間、子どもたちはキッズルームで遊んでるわけ。例えば、バッティングケージでボールを打ったりしている。試合に勝ったら、ロッカールームに選手の子どもが入ってくるんだ。だからアメリカでは野球選手の2世3世が育つ。

谷繁　たしかに、日本の野球選手の2世はなかなか育たない。なぜかと言うと、子どもたちが、父親がプレーする姿に接する機会が少ないからだと言われています。

佐々木　アメリカでは、小さい頃から接しているからね。うちの子も、小学校1年の時にメジャーのバッティングマシンで110キロのボールを打っていた。そのせいか、日本に戻ってきたら、140キロのボールをパカーン、パカーンって打てる。目慣れって必要なんだなと思って……。俺は、2世3世に野球選手になってほしいから、アメリカのような環境を作ったらいいのにと思ってる。

谷繁　エスコンフィールドHOKKAIDOには、多少はそういう要素が入っていると思うんですよ。この後、また新球場ができるという話もあるので。

佐々木　ぜひ、アメリカの球場に負けない施設を作ってほしいな。

†三浦大輔監督にはやり切ってほしい

谷繁　最後に、現在のベイスターズの話をしましょう。僕たちがプレーしていた頃のチームと、今のベイスターズを比較すると、どうですかね。今のチームの内情がわからないから難しいけれど。

佐々木　そうだね。ただ、俺がずっと言っているのは、プレーに対してもう少し厳しさがあってもいいのではということ。俺たちの頃は、例えば凡打して、笑っている選手はいなかったでしょう。暴れるやつはいても。1つのプレーに対する厳しさというか、選手同士で言い合うような雰囲気が欲しいな。

谷繁　たしかに。今は、「あれはしょうがない」という感じなんでしょうね。僕らの時は違いました。

佐々木　イージーミスに対してうるさかった。攻めた結果のミスは仕方ないけど、攻めに行っていないプレーだと怒られた。

谷繁　人間なので、ミスするのはしょうがない。そのミスをどう受け止めて、どう次に生かすかを、いつも考えさせられた。

佐々木　ミスと言えば、石井琢朗選手のエラーが記憶に残っているな。9回ツーアウトでショートゴロを石井選手がエラーした。その後、5点も差があったのに追いつかれた。最後、石井選手がサヨナラヒットを打って、ヒーローインタビューで泣いたんだよ。あの時、石井選手は俺が怖かったんだろうね。本人も、ほっとして涙が出たって言っていたけれど。

谷繁　そういう厳しさも必要なんですよね。理不尽な厳しさではない。あの頃は、勝負に対しての厳しさがあった。

佐々木　そういうこと。別に「ファインプレーしてくれ」と言ってるわけじゃない。初歩的なプレーをしっかりやってくれっていうだけのこと。

谷繁　そうですね。そういう雰囲気が、今のベイスターズにはちょっと足りないのかもしれませんね。

一方で、楽しみなところもあります。なんといっても牧秀悟選手は素晴らしいですね。入団した年から3年連続で、打撃3部門（打率、本塁打、打点）で10位以内。プロ1年目からこれだけの成績を残した選手は、なかなかいないと思うんですよ。牧みたいな選手が2人、3人と入ってくれると、ベイスターズもさらに強いチームになっていくでしょう。

佐々木　牧選手はいいね。それにしても、ベイスターズは、これまで優勝するチャンスが何回もありました。2024年のチームはどうかと言えば、優勝のチャンスがあった時よりは、少し力が落ちているような気がする。なんと言っても今永昇太投手が抜けたのは大きい。「10勝ピッチャー」がいなくなったわけだから。

谷繁　とはいえやっぱり優勝してほしい。OBとしては。

佐々木　今、チームに何が足りないか、三浦大輔監督ならわかると思う。勝つためにどうすればいいかを見てきたはずだから。それをやり切ってしまえばいいと思う。

谷繁　本当にそうですよね。後輩たちにも日本一を経験してほしいと切に願います。

第3章

プロ野球「通」になる見方、楽しみ方

1 ドーム球場と野外球場

†ナゴヤドームの広さは捕手のリードを楽にする

僕が好きだった球場は、守備と攻撃で違うんですよ。

まず守りでいうと、やっぱりナゴヤドームですよね。何と言っても広い。ピッチャーをリードするにあたって、広い球場というのは少し楽になるんです。たとえば、セ・リーグの横浜スタジアム、東京ドーム、神宮球場、昔の広島市民球場ではアウトコース主体に攻めても軽々とホームランを打たれる可能性がある。でも、ナゴヤドームではある程度、外にきっちり投げていれば、バッターの右左にかかわらず、逆方向へのホームランというのは年に数本しかないんです。そうするとアウトコースを軸に配球できる。バッターが外ばかり攻めてくるなと思っているところへ裏をかいてインサイドも使える。ナゴヤドームは配球的にもまったく変わってくる球場の一つ。楽といえば楽な球場ですよね。

攻撃面で好きだったのは、ドラゴンズにいたときはビジターの球場でした。横浜スタジアム、旧広島市民球場、東京ドーム、神宮。なかでも一番を挙げるとすれば、広島市民球場かな。あそこもやっぱり狭かったですよ。振り回さなくても打球がスタンドインしてくれる。広い球場でもそんなに振り回さなくても飛んでいくということはのちのち理解していくんですが、当時はバッティングのこともいろいろ分かっていなかったから、ある程度振っていかないと逆方向へ飛んでいかないという意識があった。でも、広島市民球場ではそこまで振らなくてもライトにもセンターにも飛んでいく。ですから楽な気持ちで打席に入れました。

そうすると自然と好結果もついてくる。3連戦があれば、必ずと言っていいほどホームランを打っていた記憶がありますね。その結果、ますます広島遠征が好きになってしまう(笑)。

逆に、守りづらかった球場は2つあります。

一つは札幌ドームです。なぜかというと、ファウルグラウンドが広くて、キャッチャーのポジションからバックネットまですごく遠いんです。ですから、ワンバウンドを後ろにそらして、ほんの数秒ボールを見失ったら、常に2つ進塁を許してしまう。一塁から三塁へ。暴投は何がなんでも止めなくちゃいけない。キャッチャーとしては守りづらいというか、嫌な球場でした。

もう一つは、神宮ですね。キャッチャーが座っていて、フィールド全体が視界に入るじゃないですか。そうすると、外野手のくるぶしぐらいから下の足が切れて見えないんです。キャッチャーの目線というのは通常、上目使い。そうすると腰も尻も落とせるんです。それが、神宮では上から目線になってしまって、腰が浮いてしまうんですよね。ものすごく構えづらい球場でした。

キャッチャー付近の地盤がきっと外野に比べて高いのでしょうね。ピッチャーもマウンドこそあるんですが、投げ降ろそうとしても角度がつきづらいんです。ですから、これは言い訳になるかもしれませんが、どうしてもピッチャーの球が高め高めに浮きがちでした。低く投げようと思ったら今度は投げた瞬間にボールと分かるぐらいの低さ。程よい加減の高さに、ピッチャーは投げづらそうでしたね。

逆に、ナゴヤドームでは、ドラゴンズに限らず他球団のピッチャーも結構いいピッチングをしていました。球場の広さもあるし、マウンドの傾斜がピッチャーにとって有利な角度だったんじゃないでしょうか。

†ナゴヤドームで勝つ確率が一番高いのは「守り勝つ野球」

ナゴヤドームが野球のスタイルを変えたのは事実でしょう。それまでナゴヤ球場でやっていたわけですから、もうまるっきり違う球場ですよ。それに合わせて野球を変えなくちゃいけない。

ドラゴンズは「守り勝つ野球」を掲げましたが、それが一番、勝つ確率が高い戦い方だったんじゃないですか。ナゴヤドーム元年の97年、星野（仙一）監督がそれまでと同じような野球をやって最下位。それで翌年から足を使い始めたじゃないですか。あれからドラゴンズの戦い方というのが変わったんですよね。

守りにしてもベイスターズ時代の横浜スタジアムのときはある程度、失点を覚悟しながらその中でどう点数を抑えていくかに腐心していたんですが、ナゴヤドームの場合は失点というのを覚悟すらできないんです。とにかく抑えて勝つ、守り勝つ。そういう球場です

ナゴヤドーム

よね。
　ドームができたことで野球が変わっていくのはいいことなのか否か。僕は、球場によっていろんなカラーの攻め方があっていいと思うんです。作戦一つにしても、たとえば横浜スタジアムだとナゴヤドームとでは多少違ってくる。神宮、東京ドームにしてもそうですが、1点というより2、3点、あわよくば大量点を取りにいく攻撃というのも必要になってくると思うんですよね。
　広い球場が多いパ・リーグでは、その広さと真っ向から勝負するかのような豪快なフルスイングがクローズアップされがちかもしれません。でも、日本ハムなどを見ても比較的守り主体の野球をやってると思うんです。ピッチャー中心で、控えを含めて足のある野手が多いですからね。振り回すのは1人か2人。確かに派手なホームランのほうが注目されやすいですが、本質的には守りの野球をやってると僕は思っています。「守り勝つ野球」というのはファンから見ると派手さに欠けてつまらないと映るかもしれませんが、それはそれで野球の醍醐味の一つだと思いますよ。球場の広さによって、本当だったら違う作戦なんだろうけど、この球場だからこういう作戦なんだろうなという部分まで見ていけば、ファンの皆さんは野球の奥深さをさらに味わえるのではないでしょうか。

✝ドラゴンズでどっぷりと浸かったドームの世界

ドーム球場と野外球場の違いについても書いていきましょう。

ドームをホームグラウンドにしているチームというのは、日程がほぼスケジュール通りに消化されますよね。西武ドーム（ベルーナドーム）以外は空調も利いているわけですから、体調管理的には屋根のないホームチームに比べると恵まれていますよ。

僕は解説者になって、しょっちゅう外のグラウンド、たとえば神宮や横浜スタジアムに行くようになりました。もともと僕は横浜でやってたんですが、ドラゴンズに来てどっぷり浸かったわけですよ、ドームという世界にね。それが、屋外球場のゲームに6月の梅雨の時期から8月の終わり、9月と何度も足を運んでいくうちに、そういう球場をフランチャイズにしているチームというのは体調的にはきついんじゃないかなと久々に思いました。

横浜では当たり前だったその感覚を、ナゴヤドームに本拠地を移してからは忘れていたんですよね。尋常じゃない汗をかいて練習、雨や風といった気候的なコンディションとも戦っていたら、それはへばるだろうなと（と同時に、ドームでプレーできることのありがたみというものに改めて気づかされました）。

2 地元・広島市民球場の思い出

†打席が土で掘れるため、ワンバウンドが変化

そういうイメージがないかもしれませんが、僕は広島の出身なんです（比婆郡東城町＝現・庄原市）。父親に連れられて初めて広島市民球場に見に行ったのは、ジャイアンツ戦でした。小学校低学年だったと思います。ベンチのすぐ上の席だったので、グラウンドとの距離がすごく近く感じました。そこで目の前のプロ野球選手の体の大きさに圧倒された。それが僕にとってのプロ野球原体験です。いま思えば広島市民球場は狭かったのですが、子ども心に大きい球場だなという印象がありました。

高校時代には選手としてプレーしています。僕は島根県の江の川高校に進学後、秋の島

根県大会に優勝して中国地方の5県がセンバツ出場権を懸けて戦う中国大会に出場。そのとき初めて広島市民球場で試合をしたんですが、これがプロ野球の球場かと感動を覚えました。県大会であんなにスタンドが大きい球場など見たことがなかったですからね。

その後、1989年にプロ入りして以降、市民球場に対する感じ方も変わってきました。横浜大洋の本拠地である横浜スタジアムでプレー、甲子園、東京ドーム、神宮でも試合をする中で、何か小さい球場だなと。比べる対象がすべてプロの球場となったので、当然かもしれません。

ただ、レギュラーを取って広島市民球場でプレーするときには、僕の中では故郷に帰ってきた感覚がありました。地元の人たちもいろんな形で見てくれていたでしょう。実家には帰らなかったですが、3連戦のうち1試合は父親も見に来てくれていた。「故郷に錦を飾る」ではありませんが、どこかでここで活躍したいという思いも強かったです。

地元ということを抜きにしても、広島市民球場は好きな球場でした。ヨソの球場と比べて小さいぶん、変な力みがなく打席に立てた。大きい球場ではどこかに力が入っていて振り過ぎたりするんですが、いい具合の力加減で打てたんです。ですから僕の広島市民球場での成績は、結構いい。ホームランも通算229本のうち40本打っています。

広島市民球場

投手陣の成績は、基本的に打ち合いになりますから、あまりよくありません。ただ、アウトコースを多めに配球しても逆方向に簡単に入る球場だったので、どちらかというと攻め重視の配球にせざるを得なかった。インコースを詰まらせようという意図に基づいた配球が多かったと思います。

マウンドはものすごく掘れていました。でも、昔の球場というのは、どこも同じようなものでしたが、その中でも市民球場は特別でした。

バッターボックスも同じで、イニングが進むにつれて軸足の土が掘れてくるんです。その影響は、バッターというよりキャッチャーとしてのほうが大きい。つまり、その掘れた箇所に変化球がワンバウンドしたらバウンドが変わってしまう。それくらい深い穴が空いていました。キャッチャーとしては嫌でしたね。

キャッチャーズボックスも、ずっと座ってスパイクで土を噛んでいるわけですから、定位置で構えたときの両足の裏が掘れる。そのため、サインを出し終わってコーナーに構えるときには足が引っ掛かったり、つまずいたりすることもありました。

一方、バッターの立場から考えると、投球プレートとホームベースとの間の距離18・44mは変わらないんですが、市民球場のマウンドというのは近く感じました。球場が狭い分、センターも近くて圧迫感のようなものがある。バッターにとっては〝圧〟を感じる球場で、どうしても差し込まれがちでした。そういう意味ではピッチャーにとっては有利なのですが、その分、球場が狭いですから、先ほど書いた通り、総体的に考えるとバッター有利の球場であることに変わりありません。

†ネクストの後ろでファンの声「お前、1個ぐらい刺せよ」

ほかに印象に残っているのは、レフト後方から入ってくる西日です。これがまぶしかった。スタンドの上に日よけがあったんですが、その隙間から太陽が差し込んできて、あれはあれで、映画『ALWAYS三丁目の夕日』ではありませんが（笑）、いい雰囲気を醸し出していました。

初観戦したときに感じたように、スタンドとの距離感もすごく近かった。ネクストバッターズサークルでは、後頭部のすぐ後ろにファンがいる感覚です。ですから最前列のファンの会話が逐一耳に入ってくる。

当時の市民球場は7～8割が広島ファンですから、三塁側ベンチの上の観客も広島ファン。ヤジも当然ありました。一度、2打席目にネクストで準備していたんですが、それまで僕は広島に3盗塁ぐらい許していたんです。ネクストにいた僕の後ろにカップルがいて男のほうから「谷繁、お前、1個くらい刺せ」と、話しかけられるようにヤジられました（笑）。そこは知らない顔でやり過ごしていた。すると、隣の女の子が「そうよそうよ」と便乗（苦笑）。さすがにカチンときて振り向きました。

ヤジというより、話しかけられている感覚……それぐらいグラウンドとスタンドは近かったですね。

客層も当時といまでは違います。

現在はマツダスタジアムになって、昔のようなヤジはなくなったに等しい。ファン層も変わってきました。球場に来ている子どもの数も、昔よりいまのほうが多いと思います。その子どもたちに教育上、変なヤジを聞かせたくないという風潮もあるのではないでしょうか。それはそれでいいことだと思います。

一方で、野球選手というのは、ほかのプロスポーツもそうだと思うんですが、ヤジられてナンボですからね。ファンにお金をもらってプレーしているんですから、それだけの責任がある。ヤジられなければ一流ではないということですよ。

ロッカーは、いま考えると狭くて選手はすし詰め状態でした。でも、なんか雰囲気がある球場でしたね。当時の球場名物として「カープうどん」が売られていて、僕らもビジターチームの練習終了後に裏方さんにお願いして、買いに行ってもらっていました。これがまた、関西風で色はそんなに濃くないんですが、ダシがしっかりきいていて、いい味を出してるんです。いまもマツダスタジアムで売られていると思います。

いずれにしても広島市民球場というのは、雰囲気のある球場でした。

3 沢村賞を考える

†その年NO・1の投手への栄誉。2013年田中将大こそザ・沢村賞

沢村賞とは、そのシーズンNO・1のピッチャーがもらえる賞だと思います。選考基準以前に、規定投球回数（現在は143イニング）に行くのは大前提ですよね。じゃあ規定投球回に届けばいいのかというと、そうではありません。1年間きっちりローテーションを守り抜いた上で、かつ5〜6回で降板して勝ち星を増やすのではなく、年間30試合ぐらいの登板の中で完投数もそれなりに多くなければいけない。さらに防御率は2・50以内。すべての数字をクリアした、その年NO・1のピッチャーに与えられる栄誉、と僕はとらえています。

僕が現役時代にバッテリーとして関わった沢村賞投手といえば、２００４年に受賞した川上憲伸（中日）。あの年の憲伸の何が凄かったかというと、やっぱりチームが苦しいときに助けてくれたんです。

簡単にいうと連敗が続いていたら、そのストッパーになった。17勝7敗。憲伸自身、年々成長を遂げて、かなり出来上がったピッチャーになったということだと思うんですよね。あの年ドラゴンズは優勝するんですが、憲伸を中心にチームが動いていたといっても過言ではありません。

近年の沢村賞で凄かったのは、僕は田中将大（楽天、13年）。24勝0敗……ハハハ、もう笑いしか出ません。一人で24個もの貯金を稼ぐ。そんなことがあるのかという。

当時の僕はまだ選手でしたが、仙台での交流戦で当たっています。そこで田中はドラゴンズに負けかけたんです。でも、土をつけられず、結局一つも負けなかった。まあ、ここ10年では田中が一番じゃないですか。まさにザ・沢村賞です。

†選手のケガ恐れる首脳陣の球数制限、練習量減に疑問

最近は、選考基準を満たすピッチャーが少なくなりました。昔の基準に沿って考えると、極端にいえば該当者なしでよかった年もあったと思います。やっぱり、時代の流れというのか、分業制が以前にも増して色濃く出てきた。沢村賞を選ぶのに、かなり難しい時代になってきているんじゃないですか。選考基準に7回自責点3以内のクオリティースタートが加わったという事実が示すように、ハードルが下がりつつあるようにも感じます。

本音を言えば各チームに1人、200イニングの壁に挑んでいくピッチャーがいてほしいとは思います。

最近のピッチャーが基準を満たせていないのは、能力が落ちてきているのが原因かといわれれば、僕はそうは思いません。能力はあるんです。むしろ監督、投手コーチといった指導者の起用法が先発投手の完投数の少なさに拍車をかけているような気がします。

本来、完投投手を生む準備、練習を含めてもっと長いイニングを投げられるように育て上げる必要があるはずです。

ところが、いまの球界では「使い減り」、つまり故障したらその選手の野球人生が終わってしまうとリスクばかりを強調する声が多い。そうした世論に必要以上に流された結果、球数制限、練習量の少なさにつながっているのだと思うんです。

†ケガは選手の自己責任。監督が負う必要なし

指導者が選手のケガに過敏になるのは、結局、選手を壊したときの責任が自分に来るからです。僕も監督を経験した手前、当時の自分がどうだったかと振り返ると、どこかで選手に対してブレーキをかけていたと思うんですよね。

でも、いまユニフォームを脱いでグラウンド以外の世界をいろいろ見ることによって、つくづく思うのは、そこの責任は自己責任ではないのかということです。

確かにムチャクチャな練習をやらせていたら指導者が責任を問われてしかるべきですけど、24時間ぶっ通しで練習させるなどということはあり得ないじゃないですか。寝る時間も自由時間も与える。それ以外の練習時間、練習内容の責任まで指導者が負う必要はないということです。

僕の選手時代を思い返してみても、練習によって自分がケガしたとき、指導者に「責任を取ってくれるのか」と思ったことがあったかというと、ありません。その人たちは俺をなんとか一人前にしようという思いで厳しい練習を課してくれているんだとしか思いませ

んでした。もちろん、最初から物分かりがよかったわけではない。初めはきついなとは思っていましたよ。でも、ある時期からは、僕のために貴重な時間を割いてくれていると思えるようになりました。

†プロ野球の平均選手寿命10年。人生の8分の1、なぜ頑張らぬ

プロ野球の平均選手寿命というのは、たかだか10年あるかないかですよ。長い人生の中でわずか10年、80年生きるとすれば8分の1。なぜ、その8分の1の期間にとことん頑張らないのか。たとえば、50歳までプロの世界で野球ができるという保証があるのであれば、それでもいいでしょう。でも、その保証がない以上、元気なうちに頑張って輝くべきじゃないですか。

プロである以上、太く短く……いや、太く長くが一番です。

自分自身、現役時代はケガに関して、どちらかといえば無頓着でした。でも、あれだけの試合に出られて（日本記録の通算3021試合出場）、練習もある程度やったにもかかわらず、元気にやれたんですよ。

ということは、やろうと思えばできるんです。もちろん、全員が全員そうではないですよ。でも、ケガをして野球人生が終わったら、冷たい言い方になるかもしれませんが、それはその人の人生だと僕は思います。

人間というのは、自分の体がケガしそうになったら、ケガをしないように懸命に努力するはずなんですよ。大切なのは自己管理。それがいま少し薄れている気がします。ケガをしないようにトレーニングをして強い体を作ろうという発想に持っていかなければいけないのを、ケガしてはいけないからと少し（練習量を）落とそうとなる。周りも「休め」と言い、本人もその言葉に甘えてしまう。落とすのはいいんですけど、結局、そこから上には行けないですよ。

沢村賞の該当者が少なくなってきたというのも、根本的に、このような背景があると思います。

† 最後は量をこなした者が勝つ

結局、何を言いたいかというと、練習しないで体力がつくんですか、と。投げるスタミナ、走るスタミナ、一年間戦える体の強さを、練習をしないで養えるのであれば、読者の方に教えてほしいくらいです。

いま科学的なトレーニングをいろいろと導入していますけど、最後は量をこなした人間が勝つんですよ。僕はゴルフが好きなんですけど、プロゴルファーでも勝っている人というのは練習しています。松山英樹選手なども「松山の練習量は凄い」と周囲の誰もが言う。その松山選手に日本人が勝とうとしたらそれ以上に努力するよりほかないわけです。

野球も一緒だと思います。

4 兼任監督と捕手、それぞれの代打論

†中日時代の切り札は小笠原。大打者の経験は好機で生きる

代打という言葉は一つですが、そこにはいろんな代打があると思います。たとえば比較的早い回に起用する代打。その中でも回の先頭では出塁が見込めるバッター、二死ランナーなしの状況では長打を打てる可能性が高いバッターと細かく分かれると思うんです。レギュラーを狙う若い選手がその対象になってきます。

早い回の代打はセ・リーグの場合、基本的にピッチャーに送られますが、いまはキャッチャーが七番、八番に入ることも多いので、それまでの流れがよくないときにキャッチャーを代えてチェンジオブペースを図る意味合いが含まれることもあります。

中盤で、まだ点差が開いてなくて、試合がどっちに動くか分からない場面でも同じような使い方になるでしょう。

そして、中盤から終盤のここが勝負だという決定的なところでは、代打の切り札と称される、チームにおいて一番信頼の置ける存在を投入していくことになります。

代打をタイプごとに、どこで使おうかというシミュレーションはゲーム前に必ずやっています。コーチを通じて、それを選手に伝える。ただ、試合は絶えず動いています。場面ごとに猫の目のように変わる状況を見ながら、自分の置かれている立場を踏まえた上で、選手は準備しなければいけません。これが代打にとって大事なことだと思うんですよね。

僕がドラゴンズの監督だったときの代打の切り札は小笠原（道大）。ここぞという勝負どころで起用していました。大打者が積み重ねてきた経験というのは、やっぱりチャンスで生きてきます。それ相応の駆け引きというのは経験がないとできませんし、バッティング技術がトップの選手なら常になんとかしてくれるだろうという思いで、代打を送っていました。

とはいえ代打というのは本当に難しいと思います。僕はそれほど代打経験がないので分からないんですけど、準備の大変さは伝わってきます。いまの球場はベンチ裏にホームチームがティーバッティングをするだけのスペースがだいたいあるんですよ。それがビジターに行くと、なかなかない。素振りをしただけで出ていかないといけない。その素振りだけで150キロの真っすぐを打ち返せるかといったら、相当の集中力とバッティング技術がないと難しいです。

†「代打、谷繁」より若手に経験を積ませたかった

兼任監督時代、僕がたとえば代打の一番手として出ていって、チームが機能するのかと考えたときに、あまり機能しないだろうと感じました。ですから、ゲームの流れがどうなるか分からないとき、ゲームがほぼ決まりかけたとき、もしくはここぞというとき、キャッチャーの打順で僕以外の誰かを代打に出して、次の回の守りに僕が就くというケースが多かった。つまり、勝負どころで「代打、谷繁」をあまり起用しようとしませんでした。

当時の森繁和ヘッドコーチに、ここは行ってくださいと言われることが何度もあったんですけど、僕の場合は、ちょっと考えが違うんです。自分が行って結果を出すよりも、ほかの若い選手に経験を積ませたほうが、今後このチームのためになるという思いが強かっ

たんですね。それがダメだったのかもしれないんですけど、必ずしも間違っていたとも思っていません。

同じ兼任監督でも、野村（克也）さんと古田（敦也）さん、僕では違うと思います。古田さんは体調的に極限に近い状態でプレーイングマネジャーをやられていたので、もう「古田敦也」じゃないという感じだったじゃないですか。野村さんが就任した当時のように、年齢的に脂が乗っていて130試合すべてに出られるという兼任監督と、古田さんや僕みたいに現役がほぼ終わりかけていた兼任監督というのは全然違うと思うんです。出場の仕方、考え方も。ですから、同じ兼任監督というひとくくりにはできないと思います。

兼任監督といえば、古田さんの「代打オレ」が話題になりました。監督が代打で出ていくときはあくまで選手の立場なので、審判に直接コールすることができないんです。それは〝監督代行〟の仕事。僕の場合はヘッドコーチの森さんが球審に告げていました。古田さんは代打で登場するときに自分自身を指さしてたので「代打オレ」みたいになってましたけど、それを見て審判が選手交代を了解していたわけではないんです。

†一振りで仕留められる代打・前田は質、レベルともに傑出

続いては、キャッチャーとしてマスク越しに見た代打論を語っていきましょう。どういうタイプが嫌で、どういうタイプがくみしやすいのか。

やっぱり、初球からしっかりタイミングを取れて、来たボールに対してスイングできる代打の人は嫌でしたね。

一方で、代打というのは基本的に、1球でボールを仕留められないだろうと思っていました。その日初めて見る生きたボールを初球から振りにいって、しっかり合わせてくるバッターというのは皆無に等しかったといっても過言ではありません。ですから、キャッチャーの立場からすると、とにかくワンストライクは取れるだろう、と。本当の勝負どころ以外の場面では、ピッチャーには初球ストライクを要求していました。真っすぐでファウルを打たせようとするのか、変化球を見送らせてカウントを整えるのか、そこは判断になるんですけど、代打イコール、ボールから入って様子を見ようという考えは少なくとも僕にはなかったです。

それだけバッテリーは、代打を迎えた場合、精神的に絶対優位に立っているということです。ですから代打にポンと出てきてヒットを打つのは至難のワザなんです。スタメンで出ている選手というのは、それまでの打席で何度かスイングしたりボールを見たりする中で、そのスピードに慣れたりしてるわけじゃないですか。逆にいえば、まったくプロセスがないまま打席に入って、一振りで仕留めることができていた人というのはすごいんです。

そこで思い出したのは広島の前田（智徳）です。彼の場合は、たとえファーストストライクが取れたからといって、こっちが有利になったとは感じないんです。前田は追い込まれても普通の野球選手にはないバットコントロールを持っていた。ですから仮にアウトにしても、言葉で表現すると「打ち取った」ではなくて、「打ち取れた」になるんです。ほかの代打というのは、こう打ち取ってやろうというイメージ通りに「打ち取った」、でも前田の場合は「よかった、打ち取れた」。

それぐらい前田のバッターとしての質、レベルは傑出していました。バッターボックスでもオーラ、雰囲気は感じましたよ。それだけのバッターだということをファンの人も含めて周りも認めているし、ピッチャーも感じていたはずです。

もう一人、忘れられないのは僕が一選手としてプレーしていたころの立浪（和義）さんです。あの人が現役晩年、代打専門になったときは同じチームになっていたため対戦してないですけど、あの集中力たるや、一筋縄ではいかないという雰囲気を出していましたよ。もし敵だったら、ここで立浪さんが来たら嫌だなと思ったでしょうね。前田と同じです。

あのクラスになると、代打が性格的に向いていたとか向いていなかったというレベルの話ではないと思います。立浪さんも前田も、もともと代打ではありません。バリバリのレギュラーで、2000安打も達成している。あの2人は自分の仕事は代打と割り切って、全力でプレーしていたということだと思います。

あの人たちが起用されるのはチームの勝敗に直結する場面、つまり打たなければ負ける、打てば勝つという究極の場面が多かった。レギュラーになった野球選手というのは自分のポジションを全うしようという意思を絶対に持ってると思うんですよ。でも、2人とも最後はそこを切り替えたんだと思います。

結論としては、意味のない代打はないということですよ。この場面でこの選手を監督が使った意味というのは、絶対にある。ただ、それは一から十まで懇切丁寧に説明するものではありません。選手が感じ取るものなんです。

僕も若いときにスタメンを外されて代打で起用されたりなど、いろいろあったんですよ。いま思い返すと、冷静に物事を考えられない自分もいました。そうではなくて、自分の置かれた立場を十分に自覚した上で、打席に向かっていかないといけません。そうやってポジティブに考えられる人間こそが結果を出していけると信じています。

5 社会人野球出身者の実力

†大学卒・社会人出身でプロで飛躍するのは稀

プロ野球の各球団から社会人を見た場合、高い確率で即戦力という認識は持っているはずです。僕の個人的な考えでいうと、社会人野球から獲得する選手というのは、そのチームに足りないところの補充をするための存在です。レギュラーとしての即戦力と考える選手もいれば、ひとつのピースとして考える選手もいます。ピースというのは、たとえば、レギュラーがチームにいたとして、でも二番手の層が薄いと。そこに当てはまるだけの戦力を求めた場合、社会人からドラフトしようということは考えるでしょうね。

僕の中では、社会人は7～8割は出来上がっている選手というイメージ。ですから社会人野球から入ってきて飛躍的に伸びる選手というのはほんの一握りだと思うんです。

もちろん、ドラフト時点の年齢によっても違ってきます。たとえば高校から直接、社会人に行ったらプロ入りは3年後ですよね。22歳になる年齢でプロに入ってくる選手はまだ、伸びしろがあると思うんです。しかし、高校、大学、社会人を経て最短でも25の年に入ってくるとなると、多少の成長はあるとは思うんですけど、それだけ伸び率は小さくなる。選手寿命もそんなに長くない。

これは人それぞれ自分が辿ってきた歴史によって考え方というのは違うと思うんです。高校、大学、社会人を経てプロに入ってから飛躍的に伸びた人というのは、全然問題ないと言うでしょう。でも、割合から言うと少ないと僕は思うんです。

ですから元ヤクルトの宮本慎也などは稀なケースじゃないですか。高校、大学、社会人を経て2000安打を打った人は、落合博満さん（東洋大中退）、古田敦也さん、宮本、西武と中日で活躍した和田一浩、この4人しかいないんですよ。

社会人出身で共通点があるとすれば、自分の考え方を持っている人が多かった印象があります。たとえば、自分のフォームをいじられたくない。その中でも、古田さん、宮本はプロに入ってから変化を遂げていったと思います。和田にしてもキャッチャーで西武に入ってきたのが外野手に転向、その後、飛躍を遂げました。そう考えると、稀な人たちというのは、自分の考えに凝り固まらず、柔軟な思考の持ち主だったと言えるかもしれません。

僕が中日の監督だった2015年秋のドラフトでは、阿部寿樹が明大を経てHondaから入ってきました。Hondaの監督は、自分の後継者を阿部に託したかったらしいです。彼がドラフトにかかったのは26歳になる年で、その年齢で入っても大きな飛躍は望めないだろうし、会社に残って将来的に指揮官をさせたほうがいいんじゃないかということで、監督は指名されることに難色を示していたんです。

でも、本人がプロに行きたいと意思表示したので、中日が5位指名。最初はちょっと厳しいかなと思っていましたけど、彼は彼なりに努力してレギュラーまでつかみましたから、よく頑張ったと思います。

†私はパに指名されていたらプリンスホテルに行っていた?

僕も1988年のドラフト前に、希望球団以外なら社会人に行こうかなと思っていました。希望球団は地元の広島、横浜大洋、ジャイアンツ。パ・リーグから指名されたら社会人入りと意思表示していました。当時のパ・リーグは、僕にとっては馴染みがなかったので……。しかも、その年にはちょうど南海がダイエー、阪急はオリックスに身売り。正直、大丈夫かなという思いもありました。

ですから、社会人のセレクションは行きました。いまはなきプリンスホテルです（笑）。そのとき選手としてグラウンドで練習していたのは中島輝士さん、小川博文さん。すごいメンバーでした。あの人たちは僕と同じ年のドラフトで日本ハム、オリックスにそれぞれ指名されプロへ。僕は大洋に指名されましたが、あそこでパ・リーグに指名されていたらプリンスに入ってゆくゆくは西武ライオンズの青い帽子をかぶっていたかもしれません（笑）。

6 キャンプをいかに役立てるか

前年に契約を済ませ、これからプロの世界に入ろうという1年目の正月はワクワクして迎えました。僕の場合は広島の田舎で育っていることもあって、都会の横浜に出て行けると思うと余計に胸が躍りましたね。

江の川高校のときも寮生活ですし、ほとんど外の世界に触れずに3年間生活してきて、その寮からやっと出られたことの解放感もありました。

プロの寮は1人1部屋ですし、食事も当然、高校の寮よりレベルが高い。ごはんが楽しみでしたね。

嫌だったのは練習ぐらい（笑）。横須賀での新人合同自主トレから入ったのですが、当時のトレーニングコーチの方が厳しくて、こんなに走るのかと。午前10時から午後3～4時まで基礎トレーニングを中心にやらされました。高校時代もある程度は練習してましたけど、学校がある平日は放課後の3〜4時間じゃないですか。プロでは毎日4〜5時間、キャンプに入れば7〜8時間の練習。やっぱり濃さが全然違います。

当時からキャンプ地は宜野湾でしたが、後半は静岡へ移動しました。監督が古葉（竹識）さんでしたが、首脳陣からは子ども扱いですよね。ケガしないようにケガしないようにと、子どもをあやすみたいな感じで接してもらっていました。

初のキャンプで印象に残ったのは、ベテラン選手が午前中で練習を上がられていたことですね。プロって実績やキャリアでこういうふうになるのか！と。いまの時代はベテランが午前中で上がるチームなんてないですけど、俺もベテランになったら絶対に午前中で切り上げて帰ろうと心に決めました（笑）。プロの世界は右も左も分からなかったので、キャンプというのはこういうメニューなんだと思ってしまいますよ。

†砕かれた根拠のない自信。プロ4年目で初めて本気に

当時はまだ、キャンプに対してどういう取り組みをしていくか、どう乗り切るか、開幕一軍がどうのこうの、そういうことは一切考えていなかったと思います。だからダメだっ

たのですが、そういう状態がプロに入って何年か続きました。

ドラフト1位で入った選手に対しては、周りの見る目も違います。スタッフもそうですしメディアの注目度も高かった。ドラフト上位の選手というのは、何をするにもやっぱりカメラが追いかけてきます。僕の場合は、それが全然嫌じゃなかった。逆に、うれしかったです。

同期の新人たちとの関係は、僕はそんなに意識してなかったんですけど、下位の選手たちは、ドラフト外の石井琢朗にしても、やっぱりライバル意識じゃないでしょうけど、僕の動きを見ていたでしょうね。1位は1位で、絶対にプレッシャーがあると思うんですよ。なんとかレギュラーを取らなきゃいけない、結果を残さなきゃという。下位の選手というのは、まずプロの世界でどうやったら生き残れるかと考えなければいけないので、そこは考えるとポイントが違うと思うんです。

いずれにしても当時の僕は、ほとんど何も考えていなかったですね。プロって凄い世界だともあまり感じていなかった。自信の塊（笑）。「俺は江の川の谷繁じゃ」みたいな、根拠のない自信ですよ。もちろん与えられた練習はやっていましたよ。でも、1年目から一軍の試合にも出ていましたし、そのうちレギュラーを取れるだろうという安易な考えがありました。

こうなると当然、結果にも差が出てきます。ドラフトの順位は入団時にはクローズアップされますが、いざ入ってしまえば横一線の競争がスタート。実力のある人間が上に上がっていきます。僕は4年目まで結果が出せなくて、根拠のない自信は木っ端微塵に打ち砕かれてしまいました。と同時に、やっぱりプロは凄い世界なんだなと感じるようになりましたね。

それからの僕は、自分で自分を変えました。というより変わらざるを得なくなった。先に書いたように、プロ4年目の92年シーズン途中に須藤（豊）監督が途中でやめられて、江尻（亮）さんが就任。このままだったら試合に出られないよ、という扱いを受け始めたんです。このままではいずれクビになってしまう。そのときからですね、本気でプロ野球というものに取り組んでいったのは。

† コーチの指導に、自分に必要かそうでないかを判断

僕の経験を踏まえて新人にアドバイスを送るとすれば、ムダな時間を過ごしてほしくな

いということです。結果的に僕の場合は27年できましたけど、プロ野球選手としての寿命なんて最初から分かりません。僕みたいに長くできれば最初の数年というのはいい思い出だったということで済むとは思うんですけど、引退後に、あのときこうしておけばよかったと後悔してほしくない。謙虚な姿勢で、自分には何が足りないのか、そこに早く気づいて取り組んでもらいたいんです。

分からないことがあれば、指導者に聞くことをためらってはいけません。コーチから言われた内容を自分でまた考え、これは自分にとって必要かそうじゃないかという判断を早くできるようになってほしい。

いいアドバイスは積極的に取り入れ、よくないものは取り入れなくていいと思います。ときには指導者の話に疑問を抱くこともあるかもしれません。そこで自分の考えに根拠があるのなら、意見を伝えてしっかりと話し合えばいい。根拠がなくて自分が何もやってないのに、ただコーチにモノを言うのはダメ。何も考えずに全部が全部ハイハイと従っているのは最悪です。

まあ、1年目は多少のヤンチャさはあっていいと思います。僕の場合は単にヤンチャなだけでしたが（笑）。だからか、わりと僕は先輩からかわいがられたほうだと思います。

嫌がられるよりはかわいがられるほうがいい。逆に新人も先輩のことをよく見ています。そのうち、A先輩はいい、B先輩は嫌だというのが絶対に出てくるんですよ。言ってることに行動が伴っていない先輩も中にはいます。それを早く見極めて信頼できる先輩に付いていけばいいと思います。

†ただプロ野球人生を過ごし、クビになるのは簡単なこと

27年間の現役生活で、実は僕は春のキャンプを休んだ経験がありません。きついと思ってメニューを軽くしてもらったことはあっても、ケガでの離脱は一回もないんですよ。

1年目も練習に付いていけた。自己管理ができていて、あとは体が強かったんだと思います。もう一つ言えば、どこかで抜いてたんでしょうね（笑）。やっぱり抜くことも必要なんですよ。ただ、人前で抜いちゃダメなんです。見えないところで抜く、これもテクニックです。新人というのはただでさえ肩に力が入るものですが、僕にはどこかでずる賢さというのがあったんですよ。だから27年も続けられたのかもしれません。

やっぱり、この世界は一筋縄ではいきません。ただ、ただやるというだけならできると思うん

です。ただ練習して、ただ試合に出て、ただメシ食ってお金をもらう。そして3~5年たって結果が出なかった。クビになった。それなら簡単ですよ。サラリーマンの方には失礼な言い方になりますが、そういうサラリーマン的なプロ野球選手も中にはいるでしょう。

でも、入ったからには一軍で活躍をして給料が上がる、そこを目指すべきだと思うんです。志が高いとかかるストレスも尋常ではないですが、ただプロ野球選手になって、ただ日々を過ごしたというムダな人生を送ってほしくありません。

たとえ結果が出なくても、いや絶対に結果を出してやると頭にずっと思い描いてやり抜く。その結果、戦力外になったとしても、もっとあのときにこうやっておけばよかったじゃなくて、俺はもうやり切った、未練はないと思えるほどの完全燃焼。そこに向かってスタートしてほしいというのが僕の一番言いたいことです。

大切なのは、身近な目標を設定して一日一日積み重ねていくことです。

たとえば、開幕で結果を出すためには何が必要かと考えれば、まずスピードに慣れること、数を振ることです。その日にできる目標として振り込みの回数を決める。

与えられたメニューが200スイングだからといって、それだけできょう練習やったと満足している人はそこまでなんですよね。そうじゃなくて、あと300自分で振ろうと。

やろうと思えば宿舎の部屋で隠れてできるじゃないですか。その積み重ねになってくると思うんです。

キャッチャーに関して目を向けても、二軍スタートだったとしても、二軍のメニューだけやっておけばいいというのではなく、自分が一軍に行ったときにすぐに対応できるように、たとえばスコアラーにセ・リーグならセ・リーグ5球団のバッターのデータをもらって頭に全部叩き込む作業もできるわけです。僕は一切、そういうことをやってなかったので、ハハハ。何度も言いますけど、ムダな時間を過ごすことなく取り組んでほしいです。経験者からのアドバイスです。

7 奥深きユニフォームの世界

やっぱりプロのユニフォームは違う。

1988年の入団発表で、横浜大洋のユニフォームに初めて袖を通したときに、そう思いました。どこが違うかと言えば生地。当時はニットでしたが、高校時代に着ていたニットに比べて柔らかく、分厚過ぎない。伸縮性にしても、市販のものとは違うのではないかと思わせる特別感がありました。

デザイン的には、僕が入団した約35年前というのは、ホーム用の「YOKOHAMA」と胸に入ったユニフォームは好きだったのですが、ビジター用の「TAIYO」は格好悪いなと（苦笑）。色的にも、どちらかと言うと渋めでした。上はネイビーで下はチャコールグレー。同じ青でもマリンブルーじゃないんですよ。本当に濃い青。ホーム用のクリーム色にネイビーのラインの入ったユニフォームのほうが断然、格好いいと思っていました。

最初にユニフォームをもらったときには、鏡の前に立って前から背中から見た覚えがあります。その後、ユニフォームが変わるじゃないですか。僕の場合で言うと、大洋からベイスターズ、ベイスターズを出てドラゴンズに行った後、ドラゴンズでは何回もユニフォームが変わっています。そのたびに鏡に自分のユニフォーム姿を映して見ていました。だからといってナルシストではないですよ（笑）。やっぱり似合っているのか似合ってないのか、自分目線で確かめていたんです。

†ストッキング4つの時代を制覇。ヒザが曲げやすいのはクラシック型

ユニフォームというのは、いうまでもなく一つのチームで統一されています。その中で自分を格好よく見せたいという意識はありました。やっぱり体を大きく見せたいと、いつごろからか思い始めて自分の体のサイズよりワンサイズ上げて、ゆったりめに着たこともあります。足がそんなに長くないので、ちょっと長く見せたいなと思って、くるぶしの下までの長めのパンツ。現役の終盤には、ズボンの裾を上げてストッキングを露出させるク

ラシックスタイルの着こなしもしました。考えてみれば、ストッキングの変遷というのはすべて、制覇していますね（笑）。

入団当初は、まずソックスを穿いて、その上にストッキングという2枚重ねが主流。ソックスとストッキングが見えてなければいけないという時代だったんです。当時はふくらはぎの下くらいにユニフォームのパンツの裾があって、そことスパイクを縦に一本の線でつなぐようなストッキングのラインを見せていました。

90年代には、ストッキングを穿かずにソックスだけにしてパンツはくるぶしぐらいまで伸ばすようになりました。次に、パンツの長さがさらに伸びて、スパイクが隠れてしまうほどに、ソックスがまったく見えない。いまの主流がまさにそうですね。

パンツの裾を下げてストッキングを見せなくしたのはファッション性を追求する気持ちも強かったですが、もう一つの理由はケガの防止です。たとえば自打球、キャッチャーで言うとレガースですべてが覆われているわけではないので、ファウルの打球の角度によっては、無防備な箇所を襲うかもしれません。そうなったときに、ユニフォームがふくらはぎを覆っていたら、それがプラス1枚になる。ユニフォームはソックスよりも厚いので、その分だけクッション代わりにもなるんです。1枚だったら皮膚が切れていたところを、

2枚あったがために切り傷にならずに済む可能性がある。そう思ってやっていました。

クラシックスタイルにしたのは、機能性を考えたからです。練習中にパンツの裾をヒザのすぐ下まで上げてソックス1枚だけで動いてみると、すごく動きやすかったんですよ。ソックス1枚というわけにはいかないので、ふくらはぎが全部覆われるようなストッキングをソックスの上に穿いたわけです。

クラシックスタイルの動きやすさというのを具体的に説明しましょう。僕はキャッチャーだったので、ゲームの中で何度も立ったり座ったりします。しゃがんでヒザを曲げたときに、長いパンツだと、裾が足の裏に少し引っかかったりすると、ヒザの付近の生地が突っ張って、曲げにくくなってしまう。クラシックスタイルにはそういうストレスがありません。あとは、そのスタイルにすると少しでも足が速そうに見えるかもしれない。巨人の阿部慎之助監督も現役時代、クラシックスタイルにしていましたが、彼の場合は足を速く見せたいというより、ヒザを曲げやすいというキャッチャーとしての性がそうさせたんだと思います。

4つの時代のストッキングを経験した人はなかなかいないんじゃないですか。4つの中でどれが一番好きだったかと言うと、いまにして思うのは、くるぶしの下あたりまでのモデルがバランスとしてはよかったのではないかと思います。見た目も機能的にも。裾をスパイクの中に入れると、どうしてもヒザが突っ張るんです。ですから感覚的にヒザを曲げたときには上にずり上がってきて、ヒザを伸ばしたときにはスーッと下りてくる、長すぎず短すぎずのパンツがよかったということです。

† オーダーメイドが基本。丈の長い上着の注文理由

プロ野球選手のユニフォームはほぼオーダーメイドです。全員が採寸して、自分の体に合わせます。基本的な形というのがメーカーにもあって、M・L・XL、さらにはその上。基本サイズのユニフォームを着て、そこから袖をあと何センチ伸ばしてほしいとか、肩の間口を少しきついので大きくしてほしい、脇の下はもともと切れていない形のものは引っかかりがあるので、ハサミで切れ目を入れて、より開いて動きやすくするなど、そういうオーダーをメーカー側が聞いてくれます。それは選手個々で違います。袖を長くしたい選手もいれば、逆に既存のものより短くしたいという選手もいます。ですから見た目には一緒に見えるユニフォームでもすべて一緒ということはありません。全員が違うと思い

ます。

　僕もそのときどきで変えました。たとえば上着の丈の長さ。上着の裾は普通ベルトの下に隠れてるじゃないですか。でも、キャッチャーは常にしゃがんでいるので、丈が短いと背中が出てしまうんです。ですから丈を少し長くしてくれと注文したこともありました。

　採寸は年に1回。よほどの変更がない限り「去年と一緒でいいですか」と聞かれて、作ります。体重はその年によって変動するので、サイズを変えることもあります。5kg減なら少しサイズを絞らないといけませんが、5kg増えたぐらいでは変わらないと思います。

　背番号に関しては、入団したときは「1」だったのが、大洋がベイスターズになる93年から「8」に変わりました。1がプロテクターの背中の縦のストラップと重なって数字が隠れてしまうことも一因だったのですが、もう一つは進藤（達哉）さんが内野でレギュラーを獲りそうな時期だったので、空き番号の8を勧められたので、それでいいですと。どうしても1番でなければというこだわりもなかったし、8という数字も末広がりで嫌ではなかったですから。

　背番号の変更と同時にユニフォームもベイスターズの縦縞（ホーム用）に変わるわけですが、縦縞ってデカく見えるなと感じました。僕はそれまで一度も縦縞を着たことがなかったので、あれは結構気に入っていました。デザイン的にもあか抜けて新生チームにうってつけのユニフォームだったのではないでしょうか。

慣れ親しんだユニフォームと別れを告げて2002年にはドラゴンズに移籍するわけですが、感傷はもちろんありました。でも、横浜もドラゴンズも青を基調にしたチームだったので、別に違和感はないだろうなと思いました。あれが赤だったら全然違っていたでしょう。

僕の野球人生では大洋、ベイスターズというそれぞれの時代の中で一回もデザインが変わらなかったのが、ドラゴンズに入って4回ユニフォームが変わっているんです。そこで僕が考えたのは、ドラゴンズの元々のユニフォームは何だろうということ。調べてもらったら、最初に日本一になった1954年に着ていたモデルらしいんです。

僕も年齢を重ねるにつれて、基本的なデザインというのは変えてはいけないんじゃないかなと思うようになった。ドラゴンズである以上は、やっぱり歴史のあるユニフォームを着なければいけないという思いがありました。

もちろん、いまはグッズが売れなければいけない時代になっていますから、限定ユニフォームは否定しません。ユニフォームのデザインをいろいろ変えて、その中からお客さんに選んでもらったものを売っていくのは戦略として仕方がないとは思います。でも、どこかでベースとなるデザインは絶対に守っていくべきではないか。僕は、そう思う人間の一人です。

たとえるとヤンキースがユニフォームを変えたかと言ったら何十年と変えていません。ドジャースもそう。日本で言うと、長い歴史を守っているのはジャイアンツのオレンジ&黒、阪神の黄色&黒くらいでしょう。そういうところは見習ったほうがいいんじゃないかなと思います。

中日の場合、歴史で言えば、巨人にも阪神にも匹敵します。にもかかわらず、ドラゴンズブルーと言ってもいろんな青が使われているわけですよね。だから、どの青が本当のドラゴンズなのか。初めて日本一になったときのユニフォーム、それこそがドラゴンズのルーツでしょう。それを大事にしていってほしいです。

8 試合中の声と音

†ベンチからの声援、何を言う？「相手が気になる言葉を」

新型コロナウイルス蔓延時、無観客試合の特徴として、ベンチからの声援がクローズアップされていました。声は通常のシーズンでも出しているのですが、チームメート、そして自分自身を鼓舞するために普段以上に出ていたかもしれません。というのも、我々野球人というのは、やはり超満員の大歓声によって自然にアドレナリンが出てくる。しかし、無観客という状況。ですから自分自身でテンションを高めていかないといけません。そのためには、個人によっていろいろな方法があると思うんです。

黙って集中力を高めていく選手もいれば、自分自身で声を出すことで意図的にテンションを上げていく選手もなかにはいるでしょう。いずれにしても、開幕戦というのは緊張感が違いますし、気合も入ります。だからといって我を忘れることはなく、新型コロナウイルス対策も冷静にできていました。ホームランを打ったバッター、ピンチをしのいだピッチャーを迎えるときにエア・ハイタッチ、エア・グータッチをやっていた。僕らはよく「頭は冷静に、心は熱く」と言われましたが、それが実践できていたと思います。

僕が横浜大洋に入団した頃、若手選手というのは「声を出せ」と言われたんです。では、どういうふうに出したらいいのか。「さあ、いけーっ」「打て打て」などのゲキも必要なことかもしれませんが、僕が須藤（豊）監督から教わったのは「相手が気になるようなことを言いなさい」ということです。

たとえば、僕は当時、控えのキャッチャーでしたから、ベンチで「バッター、いまのタイミング遅れてるぞーっ」などと叫ぶ。そうすればバッターの耳にも入りますから「そうだったのかな」と考え込ませることができるんです。と同時に、味方のレギュラーキャッチャーも何かの参考になるかもしれません。

言葉というのは、ゲームの戦況をよく見て、いろんなことを考えていないととっさに出てきません。ですから「いま現在で必要な言葉を出せ。無意味な声などいらない」とも言われていました。

周りがどんな声を飛ばしているのかというのも、僕は意識して聞いていました。「この人はうまいこと言うなあ」という選手が昔は多かったです。いまは8割方、自分のチームを応援する声で、相手にえげつないヤジを飛ばすことはあまりないと思います。フェアプレーの精神ということで（笑）。

球団によって、また時代によってもベンチの雰囲気は違ってきます。僕が2002年に移籍したドラゴンズは大人しめの選手が多かった。たとえば内気な選手に声を出せと言っても無理です。その人のやり方でアドレナリンを出す方法を考えればいい。ただ、全員が全員、内気ではチームの意気は揚がりません。声を出す人がいて、そうではない人がいるというバランスはどこの組織でも一緒だと思います。

†千差万別の捕球音に打球音。野球の「音」を楽しもう

ベンチの声援以外にも、普段歓声でかき消される音がテレビの集音マイクで拾われて聞けたかと思います。たとえば、ピッチャーが振りかぶる前に「フゥ～ッ」と息を吐く音。

バッターがスイングするときに「フンッ」と踏ん張る声。あるいは、審判のコール。審判によっては体のどこかを「パンッ」と叩きながら「ストライク」と言う人もいます。

もう一つ欠かせないのは、キャッチングの音です。同じ内野ゴロでも、グラブの芯で捕れば「パチンッ」と、弾けるような音がします。バウンドの軌道にきちんと入って、正確な形で捕らないと、なかなかグラブの芯には入らないんです。芯に入る確率が高い内野手はやはりうまい。うまいキャッチャーも、ほとんど芯で捕って音を出します。逆にヘタなキャッチャーというのは「プスッ」「パスッ」「プシュッ」。変化球でも、芯で捕ればミットは「パチーン」と鳴るんです。

さらに注目したいのは、打球音です。詰まった音、バットの先っぽに当たった音、バットにヒビが入った音、真っ二つに折れた音。芯を食っても本当のド芯なのか、少し詰まった芯なのか。打球音と一口にいっても、これだけの違いがあるのです。

そうした音の違いによってキャッチャーは、瞬間的にどういう打球かが分かるんです。たとえば、超満員の球場で、バッターがスイングして、いい角度で打球が上がったとしましょう。スタンドからは歓声が起こるんですけど、僕からすると「あ、詰まった」と。もう少し細かく言えば、音だけではなく、キャッチャーにはスイングの軌道、どこのポイントでとらえられたかがある程度、見えています。一瞬のうちにある程度、打球の質が判別できるということです。

会心のホームランが放たれたときは、まさに快音。めちゃくちゃいい音がします。その反面、ちょっとこすり気味の音なのに、パワーでスタンドまで持っていかれるケースもあります。そんなときは「こいつはすげえな」とア然としてしまいます。

無観客試合を逆手にとって、ああ、こんな息遣いをして選手はプレーしているんだとか、同じキャッチングや打球の音を視聴者に楽しんでもらえていたらいいと思います。観客が入ったときと、無観客だったときとの違いを感じてほしいですね。

初出：『月刊ベースボールマガジン』２０１７年8月号〜２０２４年3月号
写真提供：ベースボール・マガジン社

＜著者略歴＞

谷繁元信（たにしげ・もとのぶ）

1970年生まれ。江の川高校（現·石見智翠館）にて甲子園に出場し、卒業後、ドラフト1位で横浜大洋ホエールズ（現・横浜DeNAベイスターズ）に入団。1998年にはベストナイン、ゴールデングラブ賞、最優秀バッテリー賞を獲得しチームの日本一に大きく貢献。2002年に中日ドラゴンズに移籍。2006年WBC日本代表に選出され、2013年2000本安打を達成。
2014年シーズンから選手兼監督になり、2016年現役引退を表明。通算3021試合出場（NPB歴代最高）、27シーズン連続本塁打、同安打はギネス世界記録に登録された。2024年には野球殿堂に選出された。
2016年に中日ドラゴンズを退任後は、各種メディアで評論家、解説者として活動を行う。著書に『谷繁ノート 強打者の打ち取り方』(光文社)、『勝敗はバッテリーが8割 名捕手が選ぶ投手30人の投球術』（幻冬舎)、『谷繁流キャッチャー思考』(日本文芸社)。

谷繁元信のプロ野球「通」

2024年4月1日　第1刷発行

編著者　谷繁元信
発行者　唐津 隆
発行所　株式会社ビジネス社
〒162-0805　東京都新宿区矢来町114番地 神楽坂高橋ビル5F
電話　03(5227)1602　FAX　03(5227)1603
https://www.business-sha.co.jp

〈装幀〉中村聡
〈本文組版〉有限会社メディアネット
〈印刷・製本〉中央精版印刷株式会社
〈編集協力〉五木田勉
〈営業担当〉山口健志
〈編集担当〉中澤直樹

ISBN978-4-8284-2615-0